ヤマケイ文庫

夢の山岳鉄道

Miyawaki Shunzo

宮脇俊三

Yamakei Library

カバー装画・本文挿絵　黒岩保美

夢の山岳鉄道　目次

上高地鉄道

上高地は天地自然がつくりなした名園である。活火山焼岳《やけだけ》の火砕流や土石流が山峡の川を堰《せき》止め、中部山岳地帯の中枢《ちゅうすう》部に細長い盆地を形成したのが上高地であるが、その結構《けっこう》は申し分ない。

堰止湖の大正池、梓川《あずさがわ》の清流、ケショウヤナギの群生、点在する愛らしい湖沼。そして、前面に聳《そび》える穂高の峰々と背後に迫る荒々しい山容の霞沢岳《かすみざわだけ》……。

私がはじめて上高地を訪れたのは昭和一八年の夏だった。戦争中のこととて、バスは途中の沢渡《さわんど》までしかなく、登りの砂利道を、三、四時間歩かねばならなかったが、こんなに美しいところが日本にあるのかと感心した。

いらい上高地へは幾度も行っている。松本から高山へ車で抜けるときなど、かならず中ノ湯で分岐して上高地に立寄っているので、一〇回ぐらいになっていると思う。

そのたびに上高地の清冽《せいれつ》な自然美が眼や心をなごませてくれるのだが、交通事情は悪くなるいっぽうだ。車が溢《あふ》れて、中ノ湯から上高地の駐車場へ入るのに何時間もかかるようになってきた。

上高地は狭いところである。そこへ年間一七〇万人、夏の最盛時には一日に一万五〇〇〇人もが訪れるという。しかも、その数は増えつづけている。一九九八年には長野冬季オリンピックが控えているし、その頃までには開通する予定の国道158号線の安房《あぼう》峠の新トンネルは高山―中ノ湯間の難路をいっきょに短絡し、中京、関西方面からの客を激増させるにちがいない。

そうなれば、上高地はパンクしてしまうだろう。すでに週末や夏季・秋季のマイカー乗り入れは禁止されているが、そんな規制では追いつかない。上高地へ入るためには、事前に環境庁へ「入場願書」を提出して許可を受けるとか、入口の釜《かま》トンネルの手前で徹夜で行列するとか、まるで桂《かつら》離宮の拝観や東京ドームの巨人戦のごときありさまになるかもしれない。

ただし、これは上高地への輸送手段を乗用車やバスのみに頼る現状の話であって、他の有効な交通機関があれば解決できそうに思える。それは鉄道である。

なあんだ、鉄道マニアのお前が例によって鉄道優先主義を持ちだしてきたか、とページを閉じないでいただきたい。上高地にかぎらず、クルマ社会と鉄道との役割分担については、私なりに関心を持ってきた。その一つの提案が「上高地鉄道」なのである。

論文調になってしまった。私の柄《がら》ではない。それで閑話休題とする。

私の家の隣りに住む北杜夫《きたもりお》さんは、ご承知のように変てこりんな人だが、かつては昆虫や原っぱや山を愛する清純な青少年だった。だから旧制松本高校に入学し、捕虫網を持って山々を跋渉《ばっしょう》した。もちろん上高地へも行っている。そのあたりの事情は『どくとるマンボウ青春記』に詳しい。これは青春を描いたエッセイとして秀逸な作品である。

その北さんに、先日、

「上高地への鉄道をつくれという提案をしようと思っているのですよ」

と言った。

「鉄道なんぞつくったら、ますます上高地が荒されてしまうじゃないですか」

と北さんは答えた。

「いや、その逆なんです。上高地の自然を守るためにクルマを締め出そうという……」

しかし北さんは私の説明を聞こうとせず、

「むかしの上高地は静かでよかったですよ」

と言ってから私に酒をすすめた。話はおしまいになった。

往時の上高地を懐かしむ人は多い。私もその一人だが、すでに時代がちがう。みんなが行きたがっているところを一部の人びとの独占にするわけにはいかぬだろう。

問題はいろいろあるが、ポイントを一つにしぼれば、やはり輸送手段だと思う。

鉄道は細い路盤で大量輸送ができる。それに対してクルマの非効率ぶりはどうか。大都市の住民ならよくわかっていることで、通勤鉄道なくして東京も大阪も機能しない。しかもクルマは排気ガスをまき散らし、交通事故の大半はクルマによって惹《ひ》きおこされる。

上高地の状況は大都市よりも悪い。狭い地域に人びとが殺到しようとしているのに、交通手段は道路とクルマだけなのだ。

これだけ申し上げれば、明敏な読者は、そうか、お前の言いたいことは解《わか》ったと仰《おっ》言《しゃ》ってくれるだろう。夢の線路図と苦心の作の列車ダイヤも添えたし、これで十分である。

だが、『旅』の編集部は、もっときちんと書けと言う。

マッターホルンの見える村として有名なスイスのツェルマットへ行った人はご存知だろうが、この観光地はクルマを拒否している。

ツェルマットへは鉄道と道路の両方が通じているのだが、一般のクルマは進入できない。出入できるのは、消防車や清掃車などの公共用自動車だけである。

マイカーや観光バスの客は、ツェルマットの八キロ手前のテッシュというところで降ろされ、鉄道に乗りかえてツェルマットへ入るという仕組になっている。テッシュは氷河のつくったU字谷の底の村で、谷の両側は岩壁がそそりたっているが、広く長い平地があり、大駐車場が設けられている。テッシュ―ツェルマット間は二〇分間隔で列車が運転されている。

ツェルマット村内の交通機関は電気自動車と馬車である。電気自動車はクルマの一種であるけれど、力が弱く、動力費は高くついて、とても石油燃料のクルマには敵《かな》わないのだが、排気ガスや騒音のないのが特色である。

ツェルマットの標高は一六二〇メートル、上高地は一五〇〇メートル。狭い谷を遡《さかの》って別天地が開けるという点では、よく似ている。が、内燃動力車を拒否したために、観光客がひしめいているのに、のどかさがある。

スイスという国は、どこかヨソヨソしいところがあって、私はあまり好きではないが、自然の保護についてはツェルマットにかぎらず見習うべきところが多い。

さて六月六日（一九九一年）木曜日、新宿発8時00分の特急「あずさ7号」で編集部の児玉直子嬢とともに上高地へ向う。

10時51分に松本に着き、松本電鉄のノンビリした電車に乗りかえて11時28分、終点の新島々《しんしましま》着。

できることなら、この鉄道を延長して上高地まで通じさせたいのだが、それではクルマとの競合区間が長くなって、採算がとれそうにない。私といえども採算を度外視するほど暢気《のんき》ではない。私が夢みる上高地鉄道の起点は、ここから二五キロ先の沢渡である。

新島々からバスで五、六分行くと、山が迫って、梓川の谷口《たにぐち》に開けた島々の集落に入る。ここは安曇《あずみ》村の中心で、村役場がある。上高地は安曇村に属する。

役場を訪れる。「グリンデルワルトの姉妹都市」と大きく書いてある。姉妹都市ばやりだが、スイスと手を結ぶならツェルマットのほうがよかったろうにと思う。

産業観光課長の加藤忠義さんにお目にかかる。知りたいのは上高地への観光客の増加とその対応、沢渡―上高地間の主たる地権者は誰かなどだが、そのためには訊《たず》ねる理由を述べねばならぬ。

「じつは、上高地からクルマを締めだして代りに鉄道を敷いてはどうかと考えまして。これは私の勝手な夢ですが」

ときりだした。

妙なことを言う奴《やつ》が来たと怪訝《けげん》な顔をされるのを覚悟していたが、意外にも加藤課長はすこしも驚かず、

「上高地へ鉄道を敷こうという計画がありましてね。私どもも検討しているところです」

と、信濃毎日新聞（一月一五日）の記事を見せてくれた。それによると、計画したのは大阪の建設会社M組で、沢渡と上高地の中心の河童橋《かっぱ》との間に九・三キロのトンネルを掘って電車を走らせ、上高地への交通難を解消するとともに、上高地からクルマを排除して自然環境を守る、とある。

おなじことを考える人があるのだな、という嬉しさと、先を越されたか、オレは十年も二十年もまえからそれを考えていたのだぞ、という口惜しさとが重なる。後者のほうが強くて、私は上高地へ行くのをやめて引返したくなった。

だが、沢渡—河童橋間を一直線のトンネルで結ぶのは、よろしくない。トンネル掘

削技術が進歩した現在では、そのほうが安直なのだろうが、秘境の上高地へは梓川の峡谷美や大正池を眺めながらジワリジワリと進入すべきだと私は考える。

気持をとりなおして、安曇村役場前から上高地行きのバスに乗る。六月上旬の木曜日という閑散日なのに満員で、車内に入るのに難渋するほどであった。

バスは高山への国道158号線を走る。峡谷の崖《がけ》っぷちを行くかと思えば巨大なダムが現れ、それを過ぎると細長いダム湖に沿う。

島々から三〇分ほどで沢渡に着く。右から霞沢、左から根木沢が合流するところで、平地が広がる。

私は、あのスイスのテッシュを見習って、沢渡に五〇〇〇台を収容できる駐車場をつくり、「上高地鉄道」の起点にしようとここに白羽の矢を立てたのだが、大阪のM組も、この沢渡を起点としている。敵もサルものだ。

だが、ズバリ一直線のトンネル案と進入経路尊重の私とは、ここで分れる。わが案は梓川沿いである。

こちらのほうが景色はよいが、遠回りなので、上高地まで一三キロ以上ある。トンネル案は九・三キロだ。

しかし、建設費は私の案のほうが格段に安いはずである。国道158号線の改修によって廃棄された旧道が随所に残っている。これを路盤にすれば安くつく。

建設費がいくらかかるか私にわかるはずもないが、あえて言えば一五〇億円以下だろうと思う。それに車両費など加えて二〇〇億円ぐらい。年間一七〇万人、将来の二五〇〇万人以上の乗客を想定すれば、往復二五〇〇円の現在のバスなみの運賃で採算がとれそうである。それで赤字ならば黒字になるまで運賃を値上げすればよい。上高地への独占交通機関だから、値上げによって客が減ることはないだろう。

沢渡―上高地間のルートとダイヤは別掲のごとくで、このナマクラ原稿とはちがう労力を要した。単線鉄道だから、すれちがいの駅や信号場をどこに設置するかが難しかった。

中ノ湯―産屋沢《うぶやざわ》間の釜トンネルでは勾配《こうばい》が一〇〇パーミル（一〇〇〇メートル走るあいだに一〇〇メートル登る。‰の記号であらわす）に及ぶのでラックレール（登坂力を強め、スリップを防止するための歯型のレール）を併設することにした。旧碓氷《うすい》峠や現在の大井川鉄道にならってアプト式を採用しよう。ラックレールというと、日本では機関車をつけ替えたりして大仰なことになるが、山岳鉄道の大先輩のスイスでは手軽

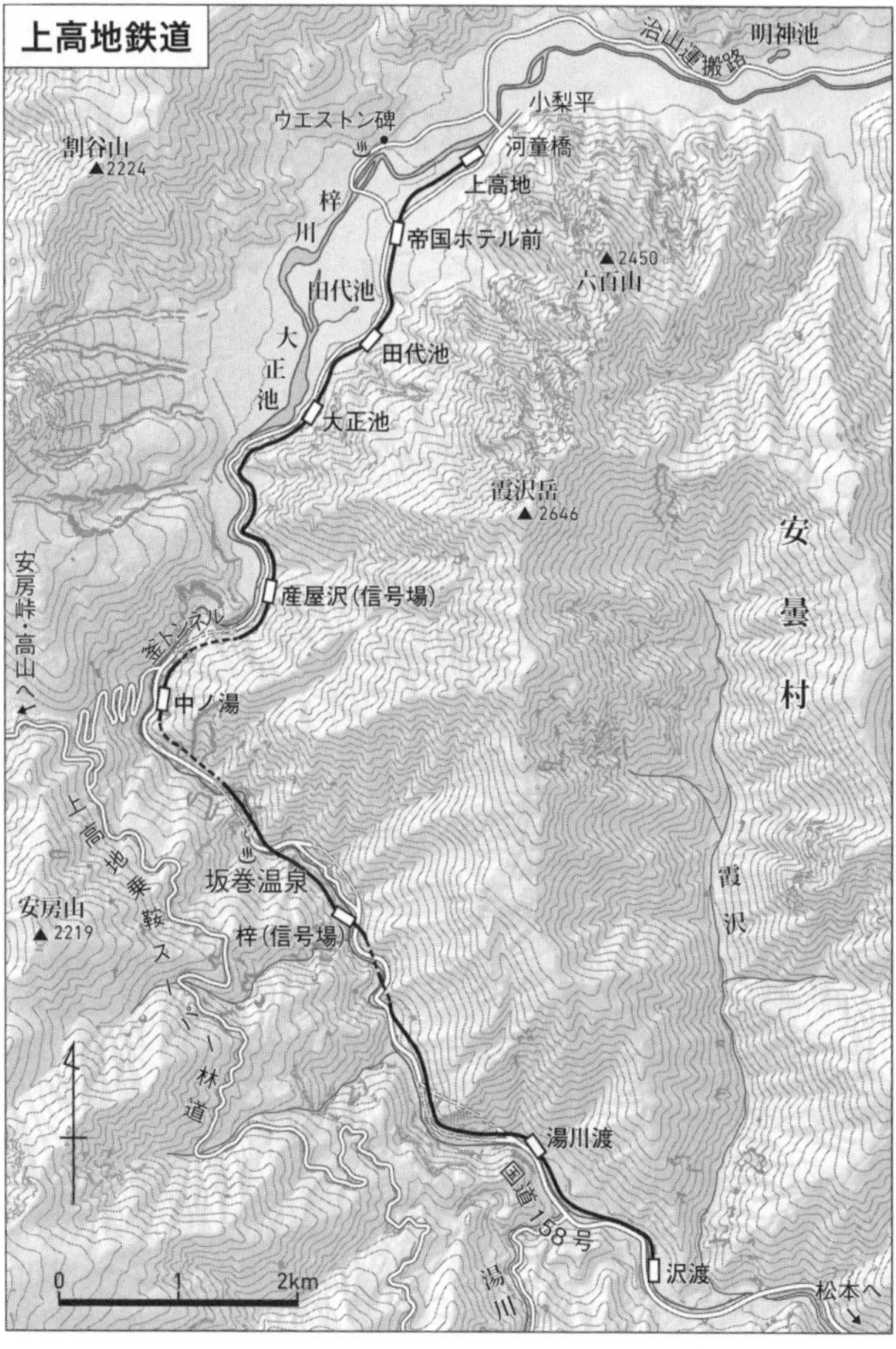
上高地鉄道
治山運搬路
明神池
小梨平
ウエストン碑
河童橋
割谷山
2224
上高地
梓
川
帝国ホテル前
2450
六百山
田代池
大
正
池
田代池
大正池
霞沢岳
2646
安
曇
村
安房峠・高山へ
産屋沢(信号場)
釜トンネル
中ノ湯
上高地乗鞍スーパー林道
坂巻温泉
安房山
2219
梓(信号場)
霞
沢
湯川渡
国道158号
沢渡
湯
川
松本へ
0
1
2km

にやっている。つい半月ほどまえに私はスイスに行く機会があったので、「上高地鉄道」を念頭におきながら観察してきたが、動力車の股《また》グラに備えられた歯車が、ちょっと徐行しただけでラックレールに噛《か》み合うのである。技術的なことはよくわからないが、先輩に見習えばよい。頭の固い日本国の運輸省が認可するかどうか。

輸送量が多いのも難題であった。夏の最盛期には大都市の近郊鉄道なみのピストン輸送をしなければならないのである。

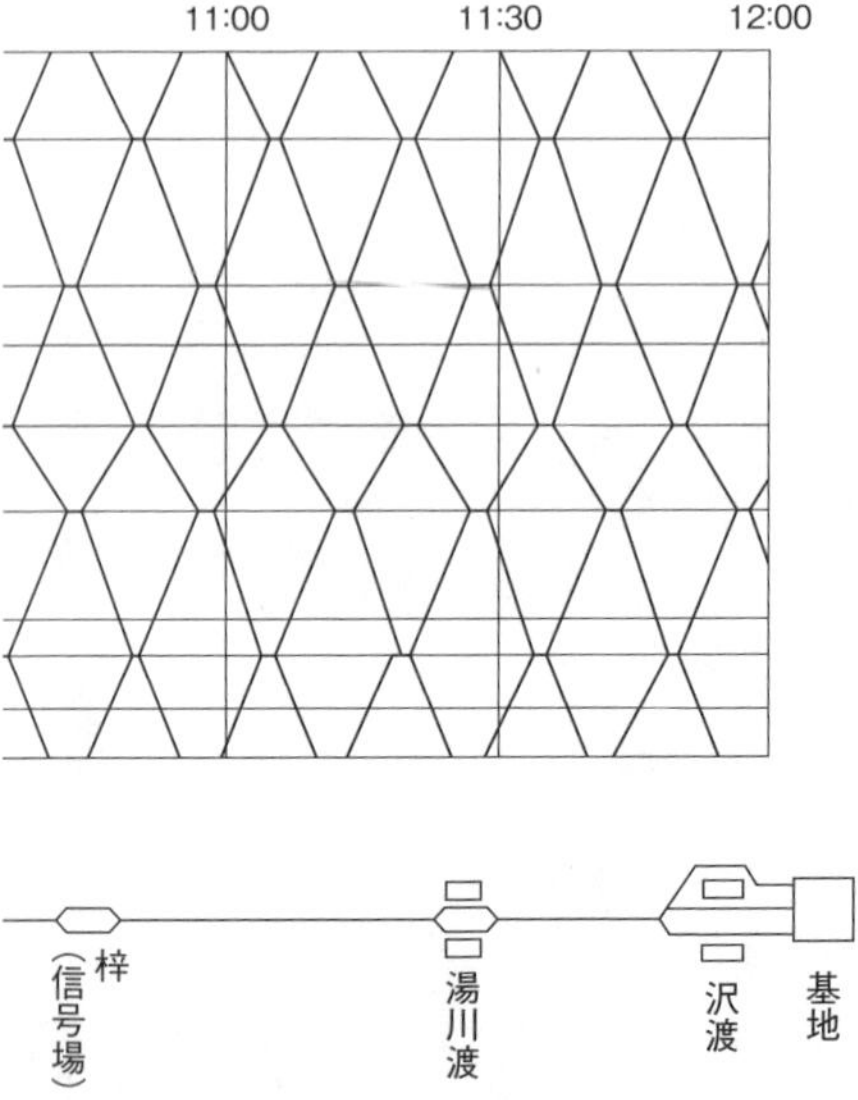

私の夢のダイヤは一五分間隔としてあるが、これは単線鉄道としてはギリギリのダイヤである。ゲージ（軌間）はJRの在来線とおなじ一〇六七ミリだが、急カーブが多いので、車両を短くしなければ

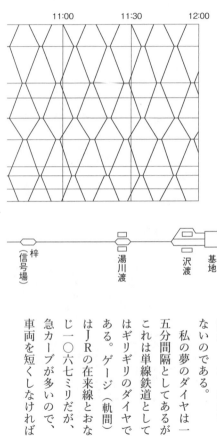

上高地鉄道のダイヤ

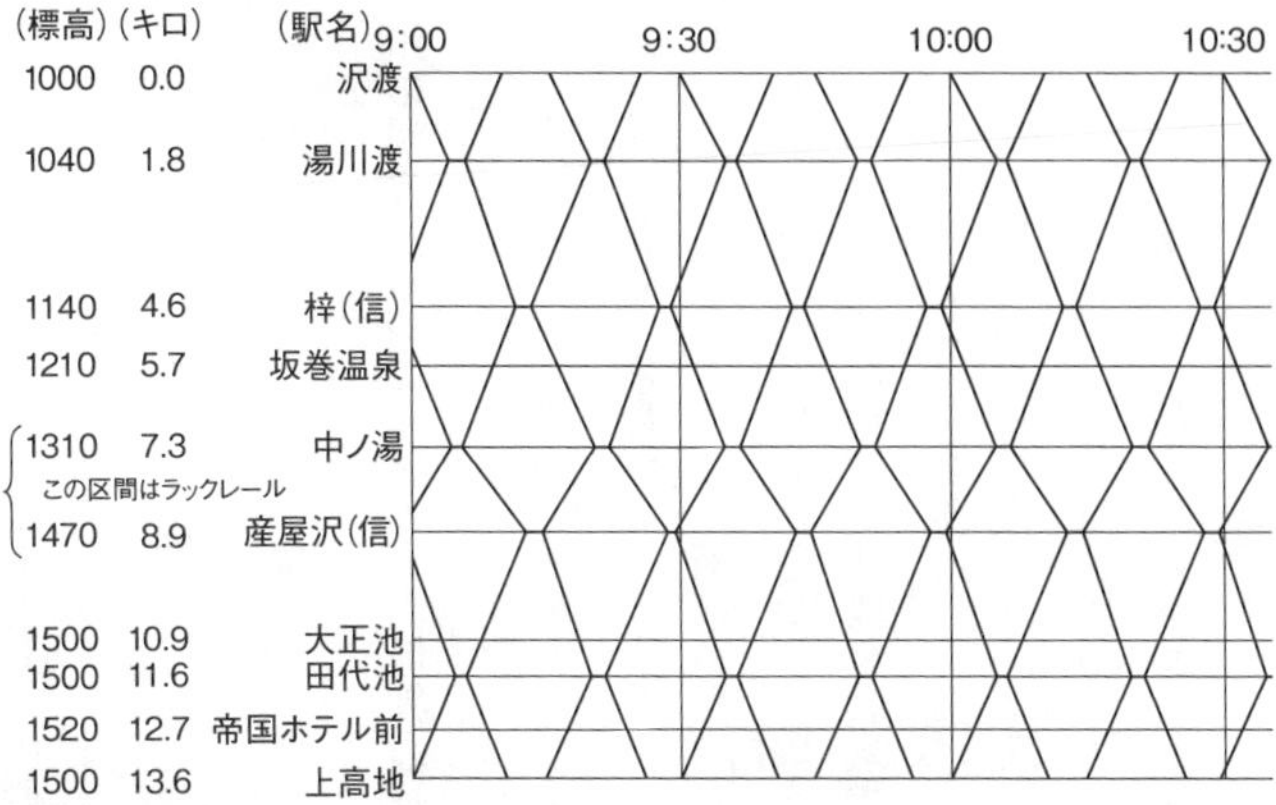

配線略図

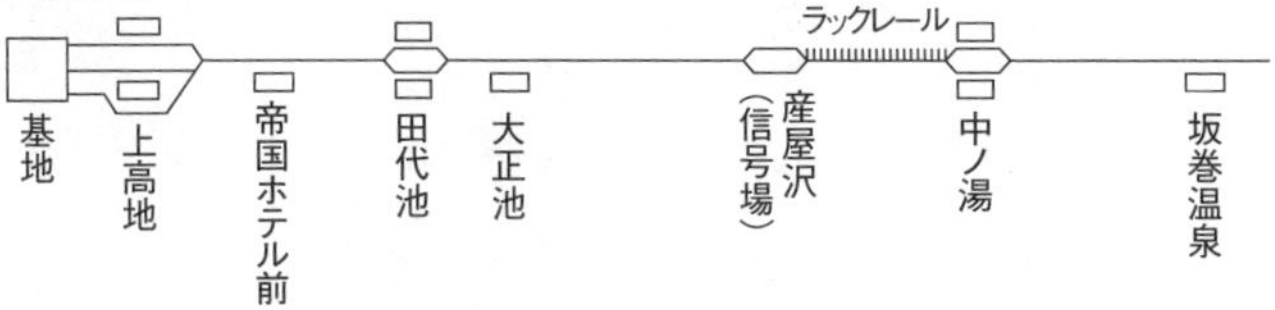

ならない。長さ一二メートルの車両を六両編成とし、最盛時には立つ客を含めて一編成で六〇〇人を運ぶことにした。駅や信号場のすれちがい用の有効長は、将来の増結にそなえて九両分で設計する。あるいは同一方向への列車を何本か連続させる運転（続行運転）のための側線が必要になるかもしれない。

車内の設計には配慮したい。眺めのよい梓

川側は四人掛けのクロスシートとし、山側はロングシートにする。梓川側の窓は天井までガラス張りにする。

なお、最後尾には貨車（運転室つき）が連結される。生活物資、電気自動車、ゴミを積むためである。

梓川の渓谷に沿って、夢の上高地鉄道は走る。高山への国道158号線は目障りだが、峡谷美を楽しむ。

中ノ湯でラックレール区間となり、速度が下って急勾配の釜トンネルに入る。トンネルを抜け、産屋沢でラックレールから解放されれば、左に大正池、前方に穂高岳という上高地ならではの絶景が展開する。乗客はみんな、席を立って左窓に集まるだろう。そして景勝を観賞しつつ、爽《さわ》やかな林に入り、一〇分ほどで終点の上高地に着く。あとは好きなだけ上高地を散策すればよい。

だが、現実の私はバスに乗っている。

一車線の釜トンネルの入口で一五分待たされる。このトンネルがネックとなって上高地へのクルマの進入が規制されており、その効果は大きいが、やはり鉄道専用のトンネルにしたほうが、万事がすっきりする。

釜トンネルを抜け、大正池を過ぎるとクルマの渋滞。きょうは閑散日のはずなのに、このありさまである。

左窓に見える穂高岳の秀峰と残雪。だが、大都市なみの渋滞とイライラ。そして排気ガス。やはり上高地は鉄道が似合う。わずか二・五メートル幅の路盤で、林のなかを見え隠れに走って、自然破壊は最小限、輸送力は抜群なのだ。

ようやくたどりついた広い駐車場を眺めながら、ここに小さな駅をつくり、あとはカラマツか何かの林に戻したいと、私はあらためて夢を見た。

富士山鉄道・五合目線

本誌（『旅』）の九月号（一九九一年）に「夢の上高地鉄道」なる一文を書いた。上高地への鉄道を敷いてクルマを排除しよう、自然保護と交通渋滞の解消のために、というのが要旨である。

編集部の話によると、非常に反響があったという。私のところへも、読者や知人からたくさんの手紙をいただいた。新聞も私の提案を紹介してくれた。

もの書きの仕事というものは、声なき空間に向って空砲をブッ放している観があり、虚《むな》しさをともなう。だから、たまに反響があると、たいへん嬉しい。してやったりと、私はほくそ笑《え》んだ。そして、「クルマより鉄道を」と望む人たちが多いのだと、気をよくした。

クルマと道路による自然破壊への反省は遅ればせながら高まっていたようで、この七月には自然公園法施行令が改正され、国立公園や国定公園内での鉄道の敷設が認められることになった。公害が少なくて輸送効率のよい鉄道の長所が環境庁に認められたわけである。

すでに長野県の菅平《すがだいら》高原の登山鉄道建設や鹿児島の屋久《やく》島の森林軌道を観光鉄道に転換する話が持ち上っている。実現までには、いろいろな問題を克服しなければならないだろうが、めでたい傾向である。

そうした情勢を踏まえたのであろう、本誌から私に「鉄道を敷きたい観光地を一二ヵ所選んで、毎月連載しろ」との注文がきた。

ありがたいことだが、これは容易ならぬ注文である。本気で取り組んだなら毎月一回どころか一年に一回でも大変な課題である。

しかし、大いに躊躇《ちゅうちょ》したあげく、お引受けすることにした。

その躊躇した理由を列挙しだすと、きりがないが、とにかく第一回は「富士山鉄道」にした。新年号にふさわしい。

一一月六日(一九九一年)水曜日、新宿発8時30分の中央本線の特急「かいじ」で大月へ向う。富士山への登り道はいろいろあるが、山梨県側の富士吉田口がメインルートである。

きょうは快晴である。一〇月は雨ばかりの異常気象だったが、一一月に入ってから

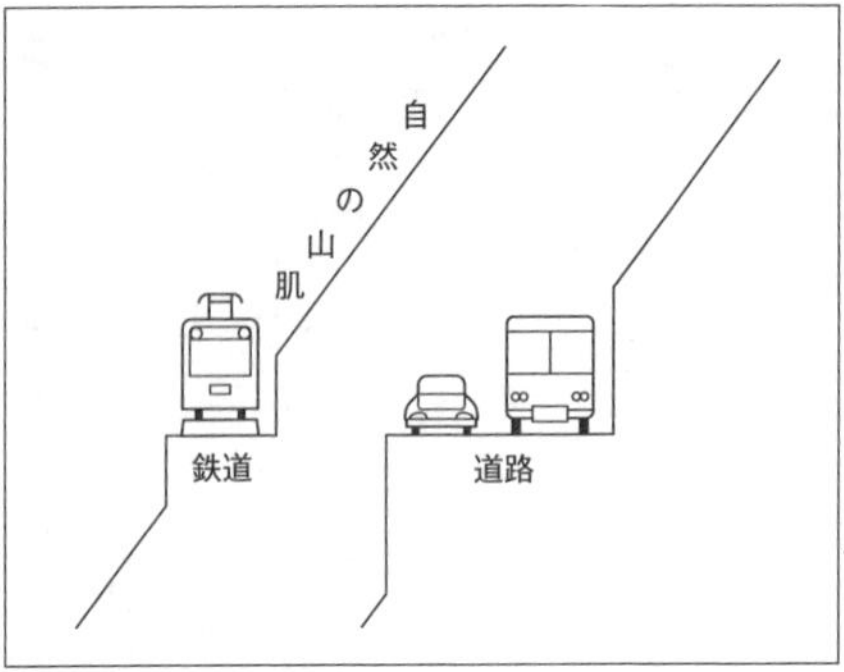

は秋晴れの日がつづいている。

そのかわり、晴れれば放射冷却現象で気温が下る。きょうは富士山五合目の標高二三〇〇メートルまで行くつもりだが、さぞかし寒いだろう。標高二〇〇メートルごとに気温が一度下るから、東京より一一度も低くなるはずだ。

同行の編集部の児玉嬢は、ヤッケのような厚ぼったいものを抱えていて、

「寒いぞ寒いぞと、みんなからおどかされちゃいまして」

と言う。私も毛のシャツやズボン下を着こんできた。「富士山鉄道」をつくったとしても、晩秋から初春にかけての四、五ヵ月は大赤字だろうなと思う。

大月で富士急行に乗りかえ、中央自動車道の河口湖線と並行して富士山の方角へ向う。

上り勾配の線路を四〇分余り走って10時26分、標高八一〇メートルの富士吉田に着

いた。富士登山の基地として栄えた町で、浅間《せんげん》神社の門前町である。駅のホームから富士山が見えている。七合目あたりから上が白くなっている。

戦争中の昭和一八年の夏、私はこの吉田口から富士山に登ったことがある。新宿を前夜に発《た》って夜中に吉田に着き、夜明けを待って浅間神社にお参りしてから歩いた。

ダラダラ坂の退屈な道を二時間ほど行き、ようやく一合目に達すると、山道らしくなった。濃い樹林のなかの道を金剛杖《こんごうづえ》をついて、二合目、三合目と登り、四合目を過ぎると、樹々《きぎ》がまばらになって丈も低くなり、標高二三〇〇メートルの五合目にたどりつくと、木がなくなって、富士の山頂が間近に迫っていた。五合目は「天地の境」と言われていたが、そのとおりだった。

あれから二〇年余を経た昭和三九年、つまり東京オリンピックや東海道新幹線が開業した年に、吉田口五合目まで「富士スバルライン」という観光道路が開通した。私はさっそく家内の運転する車で走ってみた。そして、歩かずに五合目まで行ける時代になったことに単純に感激した。道路とクルマによる自然破壊の問題に思いは及ばなかった。

しかし、それからさらに二七年、いまは山肌《やまはだ》を無残に削りとったり、渓谷美を傷《いた》めつける観光通路を苦々しい思いで眺めるようになっている。

私は「富士スバルライン」をなくしたいと考える。

ただし、五合目まで歩かずに行けるという既成事実や効用を否定するほどの過激派ではないので、道路を単線鉄道に転換したらよかろう、と考えるわけである。なあんだ、おんなじことじゃないかと思う人のために、図（26ページ）を書いたので、見ていただきたい。山肌を削りとる量が、まるでちがうのである。幅が半分になれば削る量は二乗して四分の一になる。

そのことは各地を旅行していると、よくわかる。道路は、わがもの顔に山肌を傷つけているのに対し、単線鉄道は樹間に見え隠れしながら細々と走っている。自然を傷つけてはいるが、加害の度合いは道路と比較にならない。


私たちは富士吉田駅前からタクシーに乗った。五合目へはバスが通じているが、運転手さんの話を聞きたいし、随時停車して写真をとる必要もあった。

車は旧鎌倉往還をすこし西へ走り、左折して富士スバルラインに入った。

まもなく中央自動車道の終点の富士吉田インターチェンジの近くを過ぎる。

ここに駅と駐車場を設けたい。あたりは熔岩《ようがん》の上に雑木がまばらに生《は》える不毛の一

帯で、人家も畑もない。広大な駐車場をつくるのは容易だろう。
しかし、クルマ族は、これでよいとしても、鉄道利用者にも配慮しなければならぬ。それで、わが夢の富士山鉄道の起点は富士急行の「富士急ハイランド」駅にした。中央自動車道の西側の盛土に沿って線路を敷けば、用地取得の苦労は少ないだろうし、区間もわずか一・七キロである。富士急行と直通運転する場合にそなえて、軌間《ゲージ》は一〇六七ミリ、電圧は一五〇〇ボルトにしよう。
正面に富士山が見えている。まだ裾《すそ》野《の》だから、まっすぐ富士山の方向へ走る。見事な序曲である。

富士スバルライン通行車両数（平成2年）

単位：台

車種／月	普通	大型Ⅰ	大型Ⅱ	軽乗用車	軽車両	合計
1月	14,658	0	128	670	14	15,470
2月	2,764	0	60	138	44	3,006
3月	18,398	18	362	1,024	138	19,940
4月	36,230	298	1,836	2,658	266	41,288
5月	59,870	424	5,968	5,106	634	72,002
6月	42,618	412	4,698	3,766	778	52,272
7月	84,756	1,228	6,661	6,627	1,117	100,389
8月	184,818	1,680	5,572	12,050	2,000	206,120
9月	67,413	650	3,338	7,626	890	79,917
10月	55,292	820	4,926	5,068	384	66,490
11月	47,149	350	1,580	2,780	312	52,171
12月	18,438	50	272	676	97	19,533
計	632,404	5,930	35,401	48,189	6,674	728,598

児玉嬢が車を停めて写真を撮り、

「このアングルに電車を入れたら絵になると思いまして」

と言う。私の病気が感染したのか職業意識か。たぶん後者だと思うが、その言や佳《よ》しである。鉄道に乗っている気分になってきた。

ところで、このスバルラインの交通量であるが、通行料一一三〇円にもかかわらず別表のような盛況である。冬でも不通にならず、かなりの客が訪れているのに驚かされる。が、なんといっても夏の最盛期がすごい。

「ふだんなら五合目まで四〇分ですが、夏場は四時間もかかるのですよ」

と運転手さんが言う。上り坂での渋滞となれば排気ガスで大変だろう。鉄道への転換の価値、大いにありだ。

だが、別表の平成二年八月の通行車両数はバスや乗用車合せて二〇万六一二〇台、人数は少なめに見積っても八〇万人は越え、旧盆のピーク時には一日五万人に達するだろう。

それほどの大量の客を運び、しかも日没までに下山させなければならない。深夜まで運転する一般の鉄道とはちがうのである。

そのためには全線複線にしたいが、それはやりたくない。単線にして路面の幅を半分にし、土を埋め戻して木を植えたいのだ。

思案した結果、わりあい自然破壊の度合いが少ないインターチェンジ―富士スバルランド間の四・六キロのみを複線にし、あとは単線主義に徹して、駅や信号場を小まめに設けることにした。

しかし、八両編成・定員八〇〇人の電車を一二分間隔で運転するとしても、一日五万人を運べそうにない。

信号場を倍増して七分間隔ぐらいにし、電車の編成を一〇両、一二両にふやせば、なんとか処理できそうだが、長大な駅や信号場（複線）をたくさんつくれば、単線の意義が薄らいでくる。

それに、夏のピーク時への対応のみ考えて投資すると、他の季節は遊休施設になり、厳寒期の保線費もかさんで、わが富士山鉄道の経営を圧迫するにちがいない。

というわけで、別掲のような駅や信号場の設置にとどめることにした。

たぶん、夏期の数日は積み残し客がでるだろう。これはもう、しかたがない。

アカマツの林のなかを走って「富士スバルランド」に着いた。

道路を鉄道に転換したいと考える場合、もっとも配慮せねばならぬのは、その沿線に住んでいる人たちのことである。集落があり、マイカーが交通手段になっていれば道路をつぶすわけにはいかない。

その点、このスバルラインは問題はない。純然たる観光道路である。終点の五合目から頂上にかけて、たくさんの山小屋があるが、物資をクルマで運べるのは五合目までだから、鉄道でもよい。貨車を一両連結すればよいだろう。

それから、スバルラインで稼いでいるバスやタクシー会社の従業員の処遇であるが、この人たちは新設の鉄道会社の社員になってもらう。

富士スバルランドや、その西に広がる別荘地へは別の道路が通じているので、これも問題はない。

スバルランドからは単線になる。七メートルの道幅を三・五メートルに狭《せば》め、あとの半分は自然に返して苗木を植えよう。このあたりはカラマツ林だから、それに合せたい。カラマツは育ちがはやい。夢の電車はカラマツの枝をかすめて走る。

　道路の半分を自然に復原するのに、どれだけ金がかかるかわからないが、国や県に負担してもらう。

「富士スバルライン」は山梨県営であるし、この富士山鉄道も山梨県と富士急行を主たる出資者と

駅名表

駅間勾配（‰）	標高（メートル）	キロ程	駅　名
	830	0.0	富士急ハイランド
29			
	880	1.7	インターチェンジ
43			（この区間のみ複線）
	1005	4.6	富士スバルランド
63			
	1130	6.6	別荘村口
65			
	1285	9.0	剣丸尾（信号場）
52			
	1405	11.3	一合目（信号場）
48			
	1520	13.7	丸山（信号場）
58			
	1665	16.2	聖母像展望台
56			
	1765	18.0	三合目（信号場）
56			
	1860	19.7	幸助山
64			
	2020	22.2	大沢展望台
50			
	2120	24.2	奥庭口
50			
	2245	26.7	御庭
24			
	2304	29.2	五合目

する第三セクター方式がよいだろう。

勾配が急になってきた。地図の等高線で計算すると六〇パーミル（一〇〇〇メートル走るあいだに六〇メートル登る）を越えている。七〇パーミルに達する箇所もありそうだ。

しかし、八〇パーミルまでは鉄の車輪と鉄のレールの接触による「粘着力」で登ることができる。アプト式などのラックレールに頼らずにすむ。このあと、終点の五合目まで、ひととおり計算してみたが、七〇パーミルを越えることはないようである（駅名一覧参照）。

道、いや夢の鉄道は曲りくねりはじめる。樹間を通して見え隠れする富士山の頂きが右左しながら近づいてくる。

登るにつれて、あたりの樹々がブナやシラビソやトウヒなどに変った。風格ある木ばかりだ。それが昼なお暗い原生林を形づくっている。すばらしい。

だが、これらの樹々は環境の変化に対して弱く、道路による植生体系の切断や排気ガスに堪《た》えられるかどうか、覚束《おぼつか》ないという。

こんな知識を得たのは、この日の夕方、沼津に植物学者の菅原久夫《すがわらひさお》さんを訪ねてお話をうかがったからである。

西湖
足和田山
河口湖
中央自動車道
富士スバルライン
大月へ
830
富士急行
インターチェンジ
880
富士急ハイランド
駐車場
富士吉田
富士山鉄道五合目線
浅間神社
富士スバルランド
1005
吉田口登山道
富士桜高原別荘村
別荘村口
1130
剣丸尾（信号場）
1285
丸山（信号場）
1520
東剣
聖母像展望台
1665
一合目（信号場）
1405
馬返
丸山
一合目
三合目（信号場）
1765
幸助山
幸助山
1860
遊歩道
五合目
2304
四合目
御庭
2245
五合目
奥庭口
2120
七合目
大沢展望台
2020
0
1
2
3km
白山岳
八合目
九合目
（数字は標高）
大沢崩
富士山頂
3776
剣ヶ峯
御殿場口登山道
富士山鉄道・五合目線

菅原さんは私の富士山鉄道案を、微苦笑しながら聞いてくれたが、

「クルマの排気ガスの問題ですが、富士山は独立峰で風が強いでしょう。排気ガスの害がありますかどうか。ないほうがいいのはたしかですが」

と言った。

「排気ガス公害」はクルマ社会批判の拠《よ》りどころである。だが、都会の場合とちがって富士山では風に吹き飛ばされてしまうようだ。

私は、そうかと出端《でばな》をくじかれた思いだったが、菅原さんは、

「しかし、富士山から車をなくそうというご意見には賛成です。高山植物が盗まれて困るのですが、あれはマイカーの仕業《しわざ》です。鉄道なら、根こそぎ持って帰ることができなくなるでしょう」

と、現地の植物学者らしい感想を述べた。

標高一四〇〇メートルまで登って一合目を過ぎると、右へグイと曲る「ヘアピンカーブ」がある。地図を見ると、この種のカーブが、あと五ヵ所ある。現状の曲線では鉄道で通過するのは無理であろう。

従来の日本の鉄道なら、スイッチバックにするところだが、若干の金をかけて曲線

の半径を広げることにしよう。スイスその他の山岳鉄道では、もっと険しい地形のところでも、スイッチバックをせずに急カーブで処理している。それに見習うことにする。

このあたりからの右窓の眺めはすばらしい。青木ヶ原の樹海の向うに西湖《さい》や本栖湖《もとす》を見下ろし、やがて南アルプスの峰々を遠望する雄大な景観になる。

地図を開いて富士山鉄道の構想を練っていたときは、一合目から五合目までの道が、あまりに曲りくどいので、ラックレール区間を新設して一気に登ってしまいたくなった。

だが、スバルラインからのすばらしい景色を眺めているうちに、その案は消えた。急ぐことはないのである。スバルラインを活用したほうが鉄道建設費も節減できるだろう。

標高二一〇〇メートルの四合目を過ぎるあたりから様相が変った。樹々の丈は低くなり、枝をくねらせて地を匍《は》うようになる。森林限界である。視界が開け、富士山の頂きが、真上に被《おお》いかぶさってきた。

高山に登ると、この木から岩への変り目が印象的である。富士山の五合目がそれにあたる。

けれども、富士スバルラインの四合目から終点の五合目への道の両側の無残なこと！

四合目までは交通量などを勘案する冷静な評論家のような顔をしてきたが、四合目から先は、そうはいかない。

スバルラインの両側は樹々が倒れて、目を被いたくなるような惨状である。

「ここは風の通り道だそうです。そこへ道をつくったので、風が勢いづいて、こんなことになったとか。水の流れも断たれて、谷側の木が枯れてしまいました」

と運転手さんは言った。

四合目から五合目にかけては一部をトンネルにしたくなった。何十億かの建設費を要するだろうが、路線の大半を富士スバルラインの路面借用の鉄道だから、そのくらいの出費があっても採算はとれるだろう。

終点の五合目には四階建の立体駐車場を建設する予定だという。しかし、鉄道ならば、そんな目障りなものをつくらなくてすむ。

伊勢志摩スカイ鉄道

近世末期のお伊勢参りブームから昭和二〇年の敗戦に至るまで、伊勢参宮は日本人の旅の歴史において群を抜いていた。

戦前の小学校の修学旅行は、まず伊勢の内宮《ないくう》・外宮《げくう》に参拝し、二見浦《ふたみがうら》に泊って朝日を拝み、そのあと奈良や京都へというルートがほとんどだった。伊勢神宮は最高の聖地で、「参宮」といえば伊勢参りのことで、それをしないと非国民の烙印《らくいん》をおされかねなかった。あの「不急不用の旅行はやめましょう」の戦時中でも、「聖地参拝」をすすめる広告が鉄道時刻表に載っていたほどであった。

伊勢への鉄道は三本もあった。昭和一一年時点での名称で記すと、国鉄参宮線、参宮急行電鉄（現在の近鉄）、伊勢鉄道（廃止）である。当時の盛況が偲《しの》ばれる。

宇治山田市（現在の伊勢市）内や近郊への交通機関もととのっていた。国鉄・私鉄の駅前から外宮、内宮、二見浦、平岩《ひらいわ》へのチンチン電車があり、平岩からは朝熊《あさま》ヶ岳へのケーブルカーもあった。伊勢神宮参拝と、それにあやかっての観光遊興旅行の手段は鉄道によって十分にまかなわれていたのである。

回顧が戦前に及ぶと苦い思い出に満ちていて、二度とあんな時代にめぐりあいたくないと思うけれど、事が鉄道に限られると、そうでもない。あのチンチン電車が走っていた時代を懐かしんでいる。

だから、それらの電車路線やケーブルカーが全部消滅し、バスやマイカーがはびこって、新しい道路がわがもの顔に建設される現在を快く思っていない。

とくに目障りなのは、内宮から朝熊ヶ岳を経て鳥羽《とば》に至る「伊勢志摩スカイライン」（二六・三キロ、昭和三九年開通）である。これを登山鉄道（単線・電化）に転換して道幅の狭くなった部分を自然に帰し、かつ、排気ガス公害を排除したいと、そんなふうに考えるわけである。

さいわい、この道路の沿道には人家や畑はない。名刹《めいさつ》の金剛証寺《こんごうしょうじ》とレストハウスがあるだけの純然たる観光道路である。住民のマイカー用道路である場合は、鉄道に転換するわけにはいかないけれど、その点では問題はない。

「伊勢志摩スカイライン」の目玉は朝熊ヶ岳で、標高は五五五メートル。さしたる高さではないが、伊勢湾の海岸からわずか五キロの地点に聳えているので眺望が非常によい。松島にたとえられる鳥羽港外の島々を見下ろし、視界のよい日には富士山を望むという。

南側の眺望も開けていて、志摩半島の入り組んだリアス式海岸を見はるかすこともできる。わずか五〇〇メートル級の山で、これだけの大展望をほしいままにできる例は少ないだろう。

「伊勢へ参らば朝熊をかけよ。朝熊かけねば片参り」

と、古くからうたわれていたほどである。

とにかく現地踏査をせねばならない。

師走《しわす》の冷たい風が吹きはじめた一二月六日（一九九一年）金曜日、東京発7時36分の新幹線で名古屋へ向う。

経済新聞などを広げる忙しくて有能そうなビジネスマンと肘《ひじ》を付き合せながら坐《すわ》り、車内販売のコーヒーを眠気ざましに飲む。こちらも、しかるべき重要な所用があって新幹線に乗っているのだという顔をしている。

有用無用の客が席を同じくするのはよいことで、私は大いに愉快な社会だと思うのだが、今回は気にかかることがあって、気分が冴《さ》えない。

それは、伊勢志摩スカイラインが、前回で扱った富士スバルラインのような「行き止まり」型でなくて伊勢市と鳥羽市を結ぶ「通り抜け道路」になっていることである。これをつぶして鉄道に転用すると、団体バスの場合は伊勢で客を降ろしたあとは海岸寄りの国道を回送して鳥羽で待っていればよいけれど（その逆も同様）、マイカーの場合は厄介《やっかい》である。伊勢または鳥羽の駐車場に戻ってこなければならない。

スカイラインの鉄道への転換は、伊勢—朝熊ヶ岳間、あるいは鳥羽—朝熊ヶ岳間だけにしようか、と考える。醜《みにく》いスカイラインをつぶしてやろうという計画が半減するが、問題は解決する。

そして、朝熊ヶ岳だけを目標にするのならば、ケーブルカーを復活させればいいじゃないか、とも思う。昭和四五年に開通した近鉄鳥羽線がケーブルカーの起点だった平岩駅のすぐ近くを走っているので、接続の便がよくなっている。だが、ケーブルカーの復活だけではおもしろくない。スカイラインが温存されてしまう。

あれこれ考えていると、わが構想の粗末さが露見してきて憂鬱《ゆううつ》になってくる。が、乗りかけた船だから、やってみるしかない。

名古屋発9時45分の近鉄特急鳥羽行に乗る。ほぼ満席だったが、四日市《よっかいち》で半分に減

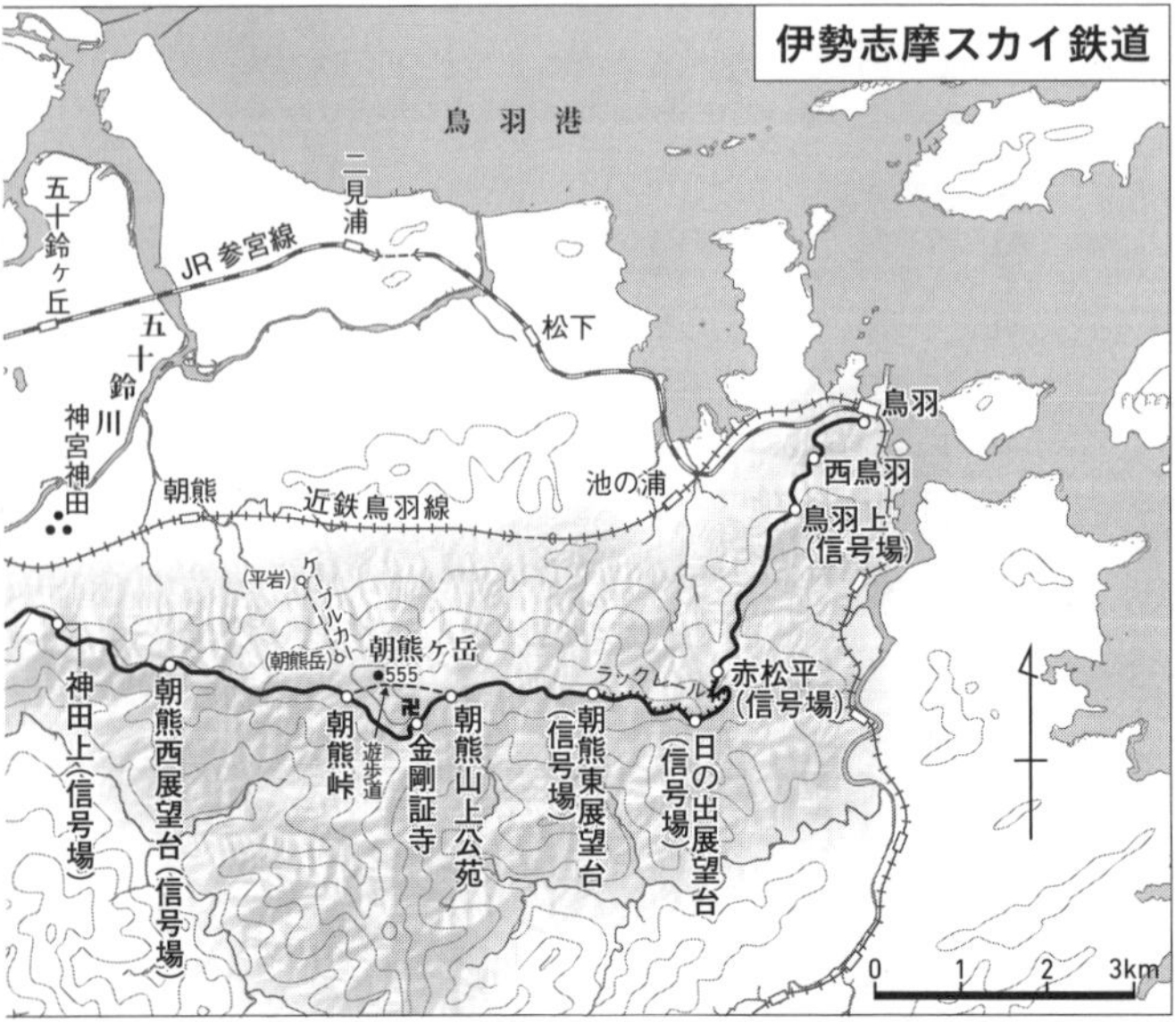

り、津でガラ空きになった。伊勢市、宇治山田を過ぎて鳥羽線に入り、最初の駅の五十鈴《いすず》川着11時14分。ここで下車する。わが夢の鉄道の起点駅の候補地で、伊勢志摩スカイラインの入口や内宮に近い。

　五十鈴川駅に降り立った私は、非常に満足した。あたりは新開地で、人家はなく、駅前広場はたっぷりある。何か新しいものが来てくれないかと物欲しげな風《ふ》情《ぜい》である。

　夢の鉄道の起点駅の用地

など、自由自在である。高架の近鉄ホームに併設させるもよく、高架下でもよい。スカイラインの所有者は三重県観光開発という会社だが、近鉄が大株主だから、いかようにも協力してくれるだろう。

私は高架下の股ぐらに「伊勢志摩スカイ鉄道」の起点駅を設置することにした。近鉄からの直通乗入れを期待するような立派な鉄道ではないし、軌間《ゲージ》も近鉄の一四三五ミリに対し、こちらは一〇六七ミリの予定である。路盤の幅を狭くし、建設費を安くしたい。

五十鈴川駅を発車した夢の列車は、右（南）へカーブして内宮の方へ向う。

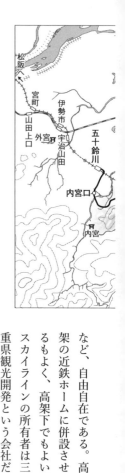

ここからスカイライン入口までは一・五キロほどあり、その間は自力で線路を敷かねばならない。用地買収費などを含めると莫大《ばくだい》な建設費を要しそうに思われる。

この区間は私の構想のネックの一つであった。スカイラインの入口に起点駅を設ければ安直だが、そんな離れ猿《ざる》のような鉄道では利用者を期待できない。寄らば大樹で、近鉄の五十鈴川駅を起点としたのであるが、スカイライン入口までの新線区間建設費が気にかかっていた。私が社長になるわけではないけれど、借入金の金利が経営を圧迫しそうに思われる。

だが、内宮の方へ歩きはじめたとたん、私は愁眉《しゅうび》をひらいた。

私が歩いているのは内宮へ通じる広い参道で、両側には石の灯籠《とうろう》が並び、石畳みの歩道がある。さすがは伊勢神宮だと思わせる立派な参道だ。

しかし、通る車は少ない。観光バスや高校生のバイクが時おり通る程度である。両側の立派な歩道を行く人は皆無である。

きょうは一二月六日で、観光的には超閑散日ではあるが、元旦の初詣《はつもう》でであろうと、ゴールデンウィークであろうと、両側の歩道が人で埋まることはなさそうである。五十鈴川駅から二キロも歩いて行く人はいないにちがいない。

この歩道を新鉄道の路盤にすれば用地買収費はタダだ、と考えると、嬉しくなってきた。勾配もカーブもほどよい。

石灯籠の並ぶ参道を、コトコト走る鉄道。私は気分が高揚してきた。

左から幅広い国道23号線が合してくる。参道と仲よくしてきた私にとっては迷惑な道路だが、この国道とどうつき合うかが重要である。バスやマイカーの客は国道でやって来るから、新鉄道に乗ってもらうためには広い駐車場が必要だ。五〇〇台は収容しなければならぬだろう。

さいわいなことに、国道との接点付近は山峡を抜け出てきた五十鈴川が沖積平地を形成している。国道に沿って真珠店、みやげもの店、食堂などがポツポツと建っているが、十分な空地がある。広い駐車場も、すでにある。これを若干拡張すれば事足りるだろう。嬉しいことである。

ここに「内宮口」駅を設置しよう。内宮入口の宇治橋までは七〇〇メートルほど離れているが、その間は門前町で、みやげもの店などが並んでいる。「内宮口」としてよいだろう。近鉄五十鈴川－内

駅名表

駅間勾配（‰）	標高（メートル）	キロ程	駅　名
	11	0.0	五十鈴川
8			
	20	1.2	内宮口
54			
	150	3.6	神田上（信号場）
63			
	295	5.9	朝熊西展望台（信号場）
70			
	455	8.2	朝熊峠
17			
	438	9.2	金剛証寺
53			
	470	9.8	朝熊山上公苑
41			
	410	11.5	朝熊東展望台（信号場）
71			
	310	12.9	日の出展望台（信号場）
100			
	190	14.1	赤松平（信号場）
37			
	105	16.4	鳥羽上（信号場）
65			
	40	17.4	西鳥羽
35			
	2	18.5	鳥羽

伊勢志摩スカイ鉄道のダイヤ

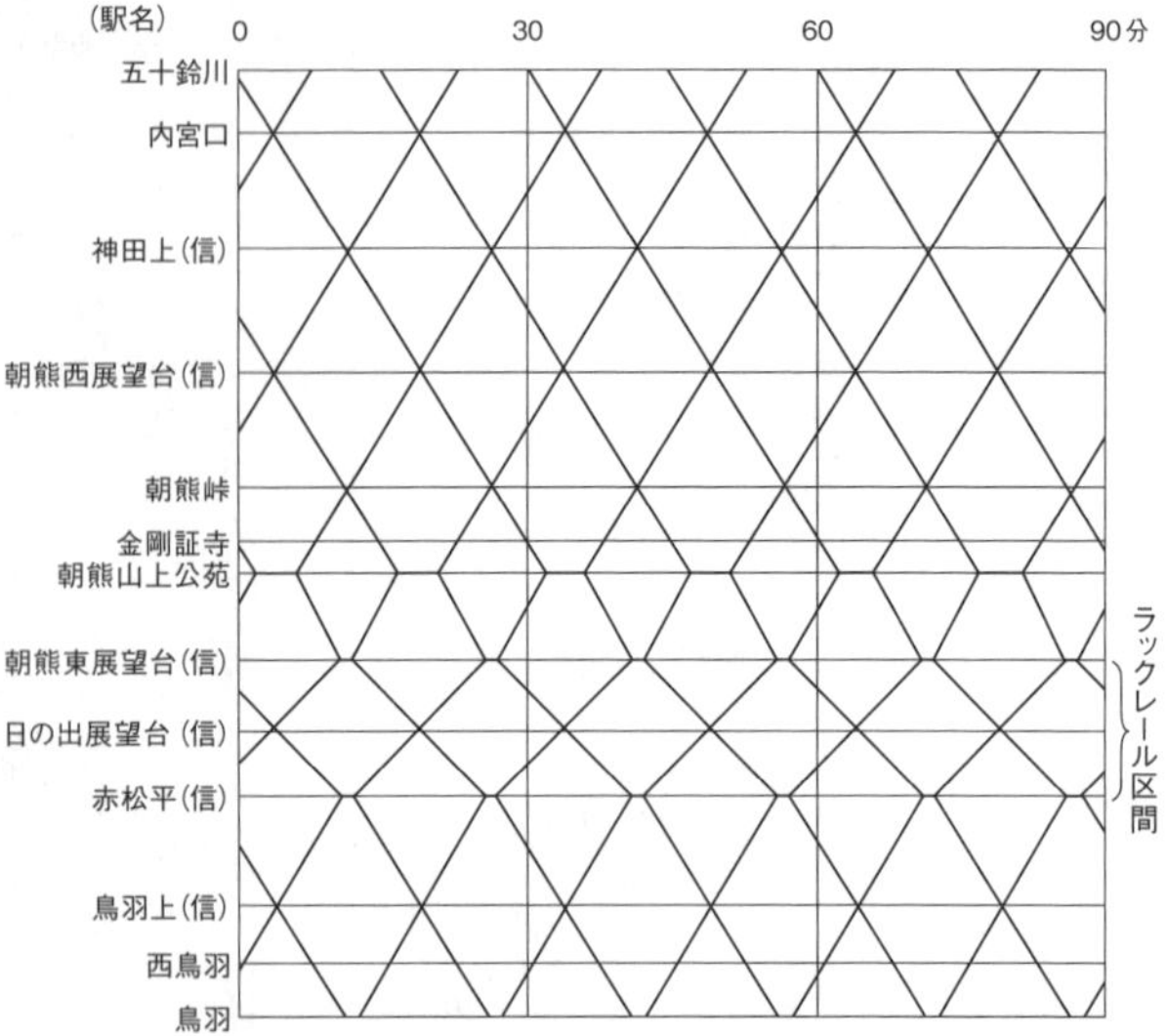

宮口の区間利用者も期待できる。門前町の人たちが伊勢市への通勤電車として乗ってくれるだろう。

私は「途中下車」して門前町を内宮のほうへ歩いて行った。

古びた町だ。敗戦によって伊勢神宮は没落し、国民必拝の聖地でなくなったのを象徴しているような、わびしいたたずまいを見せている。

だが、内宮入口の宇治橋に至れば、観光バスが並び、おばさん、おじさんがガイド嬢に従って列をなして内宮への橋を渡って行く。閑散期なのだが、かなりの賑《にぎ》わいである。落ちぶれたとはいえ、伊勢神宮は一級観光地なのだ。

私も列に加わって内宮に詣でた。さすがは広大な神域の自然を保護しつづけてきた伊勢神宮だけあって、老杉その他の巨木が昼なお暗く亭々《ていてい》と聳え、荘厳《そうごん》である。来てみてよかったと思う。

門前町の食堂で、「名物伊勢うどん」の昼食をすませてから、タクシーに乗った。内宮から鳥羽へのスカイラインは一日六往復（一月のみ一二往復）の路線バスが運転されているが、途中で車を停めて編集部からの注文の写真撮影をしなければならない。それに、タクシーならば運転手さんと雑談・取材をすることができる。

車は「内宮口駅」予定地で東へ折れ、五十鈴川の清流を渡る。

道路橋を借用して路面電車で渡りたいが、この道は志摩半島南部の磯部《いそべ》や賢島《かしこじま》に通じる幹線（伊勢道路）なので交通量が多い。残念ながら新しい橋を架けねばなるまい。長さ一五〇メートル。大した長さではないが、鉄橋はトンネルの何倍も金がかかる。二〇億円ぐらいは覚悟する。わが財布が痛む。

五十鈴川を渡るとスカイラインに入り、料金所がある。係のおじさんに一〇三〇円

（消費税込み）を払う。このおじさんは、やがて伊勢志摩スカイ鉄道の駅員になってもらうつもりである。

スカイラインに入るや、山肌を巻く上り勾配になり、急カーブの連続になる。鉄道向きではない。しかし、最急勾配は八〇パーミル（一〇〇〇メートルで八〇メートル上る）以下だから、ラックレールの必要はなさそうである。急カーブ対策としては、車両長を一二メートルと短くし、連節車にする。つまり蛇《へび》のようなグニャグニャ列車にするつもりである。

伊勢志摩スカイラインの通行台数

[月別]（平成2年）

1月	38,727
2月	15,797
3月	23,457
4月	21,500
5月	33,232
6月	21,252
7月	25,613
8月	56,270
9月	22,438
10月	20,398
11月	22,422
12月	16,182
計	317,333

[車種別]（平成2年）

2輪車	10,201
普通自動車	286,384
大型貨物	65
マイクロバス	4,103
貸切バス	11,384
路線バス	10,267
計	322,404

鉄道の専門家や運輸省のお役人は「とんでもないこと」とおっしゃるだろうが、そんな意見に耳を傾けていたら、今月号は休載、幼少時代より愛読してきた『旅』誌にポッカリ一〇ページの空白をつくってしまう。委細かまわず先へ進もう。

山肌を巻いて登るうちに、みるみる眼下が開けてきた。左に伊勢湾が広がる。予期したとおりの眺望である。この道の幅を半分に減らして単線鉄道専用とし、あとの半分を自然に戻したなら、木の間《こま》隠れに展望を楽しむ自然と人工との調和の見本になるだろう。

けれども、事は単純ではないのであって、厄介な問題がある。

まず、このスカイラインの通行台数であるが、別表のような数値で、いまひとつ冴えない。富士スバルラインの半分以下の四四%、三二万台である。富士山の場合は行き止まりの往復、こちらは通り抜けの片道だから交通量は五分の一ぐらいになる。

運転手さんに訊ねてみると、

「この道が渋滞するのは元旦の初日の出のときだけですね。あとはゴールデンウィークでも楽に走れます」

とのこと。

ろうか。

それを裏づけるかのように、行き交う車が少ない。いまは閑散期だが、あまりに少ない。内宮入口にたむろしていた観光バスは、このスカイラインを無視しているのだろうか。

路線バスとすれちがう。客は一人もいない。

季節はずれに一回通っただけで迂闊《うかつ》なことは言えないが、この「伊勢志摩スカイライン」が可哀《かわい》そうになってきた。目障りだからつぶしてやろうと思ってやって来たのだが、この窮状が鉄道への転換で救えるかどうか、覚束ない。

こうなれば思う存分に楽しい列車を走らせてやろう。展望車、オープンカー、スナック車……。お祭り騒ぎにしてみたい。

車は尾根の高みに上り、金剛証寺の門前に停った。よくぞこんな山上に、というほどの巨刹《きょさつ》である。道路も鉄道もなくても、昔の人は高い山の上に巨木を運んで大きな寺を建てたのだ。観光道路か鉄道か、などと思いめぐらしている私は、あざけり笑われたような気持になった。

これで稿を終えれば余韻《よいん》が残るのだが、終るわけにはいかない。そこから先の尾根づたいの眺望がすばらしい。左窓は鳥羽と島々、右窓は美味なカキで知られる的矢《まとや》湾。

しかし、ここから先のわが鉄道は、八〇パーミル以上の下りの急勾配に遭遇する。

この区間はラックレールにせねばなるまい。

鳥羽に着いた私は、一時間ほど待ってスカイラインのバスに乗って内宮に戻った。客は私のほかに一人もいなかった。

そのあと、タクシーで朝熊ヶ岳ケーブルの跡地へ行ってみた。昭和一九年の廃線から半世紀近くも経ているのに、路線跡は生ま生ましく残っていて、

「新しい鉄道をつくるより、このケーブルを復活すればよいじゃないか」

と訴えるかのようであった。

屋久島自然林保存鉄道

「自然の宝庫」ということばが安直に使われるけれど、それにもっともふさわしいのは鹿児島県の屋久島ではないだろうか。大隅《おおすみ》半島の南端、佐多岬の南方六〇キロにある円形の島で、周囲一三〇キロ、面積五〇三平方キロ。

屋久島の地勢は険しい。

「九州七県の最高峰は？」

の正解は、阿蘇《あそ》でも霧島でもなくて、屋久島の宮之浦岳（標高一九三五メートル）である。

宮之浦岳だけが突出しているのではない。それに準じる峰々が、硬質花崗岩《かこうがん》の岩肌をむき出しにして群立し、海岸の近くにまで迫っている。島の断面は「皿」の字のごとくであり、人口一万五千の島の人びとは海岸沿いのわずかな幅の平地に住んでいる。山中には集落が、まったくない。

そういう地形だから、屋久島は「海のアルプス」と言われる。冬には峰々が白銀に輝く。

植物の分布も多彩で、海岸から標高四〇〇メートルあたりまでは亜熱帯性の照葉樹林で、緑が濃くて暑くるしいクスやガジュマルなどが繁茂しているが、登るにつれて針広混成樹林帯、さらに針葉樹林帯、高地風衝《ふうしょう》林帯となり、一八〇〇メートルを越えると植生の限界に近づき、荒涼たる亜寒帯の景観を示す。

屋久島は雨量が多い。黒潮とともに北上してきた温かくて湿った空気が高い山にぶつかって雨になる。台風の通り道でもある。「屋久島は月に三十五日雨が降る」と言われ、年間の総雨量は海岸でも四〇〇〇ミリ、山間部では一〇、〇〇〇ミリにも達する。ちなみに、東京は一四六〇ミリ、多雨地帯として知られる奈良・三重県境の大台ヶ原でも六〇〇〇ミリである。

スギは雨によって、ひときわよく育つ。スギ山の持主は「一雨千両」と雨を歓迎する。屋久島にスギが繁茂したのは当然だ。しかも、地質は硬質花崗岩。根を張るのが厄介である。そのせいであろう、屋久島のスギは生育が遅く、木質はスギとは思えないほど固く緻密《ちみつ》で、寿命もながい。樹齢何千年の巨木が数多くあり、有名な「縄文《じょうもん》杉」は七〇〇〇年と推定されている。気が遠くなるような数字だ。

島の人たちは、樹齢一〇〇〇年以上のスギを「屋久杉」、それ以下を「小杉」と呼び分けている。一〇〇〇年までが小杉とは！

屋久島の自然やスギについて説明しているとキリがないので、これでやめにし、本題の「鉄道」に入るとしよう。

これまでの私の「夢の山岳鉄道」シリーズは、傍若無人な観光道路をつぶしてクルマを締め出し、代りに用地の幅が狭くて公害の少ない鉄道に転換しようとするものであったが、今回は、それとはちがう。

屋久島には大正一二年にスギ材搬出用として敷設された軽便鉄道がある。昭和四四年、小杉谷《こすぎだに》地区の伐採終了とともに役割を終えたが、沿線の発電所を管理する人たちの交通機関として、辛くも存続している。一般の人は乗れない。

この森林軽便鉄道を歴史的記念物として保存し、学習観光に活用しようという話が地元から持ち上っている。実現までには、いろいろな問題があるのだが。

とにかく乗ってみたい。ダメなら軌道の上を歩いてもよい。

そんな希望を編集部に述べておいたところ、嬉しいことに便乗許可の返事がきた。

年の瀬も押しつまった一二月二五日（一九九一年）水曜日、羽田発9時30分の全日空機で編集部の児玉嬢とともに出発。

鹿児島でYS11機に乗継ぎ、屋久島へ向う。せめて鹿児島からは船で行きたかったのだが、スケジュールの折り合いがつかなかった。

あいにく雲が低く垂れこめて、桜島も種子島《たねがしま》も見えない。雲中飛行で、気流はわるく、YS11プロペラ機は胴体をねじるような揺れかたをする。窓を水滴が横に流れる。雨が降ってきたらしい。

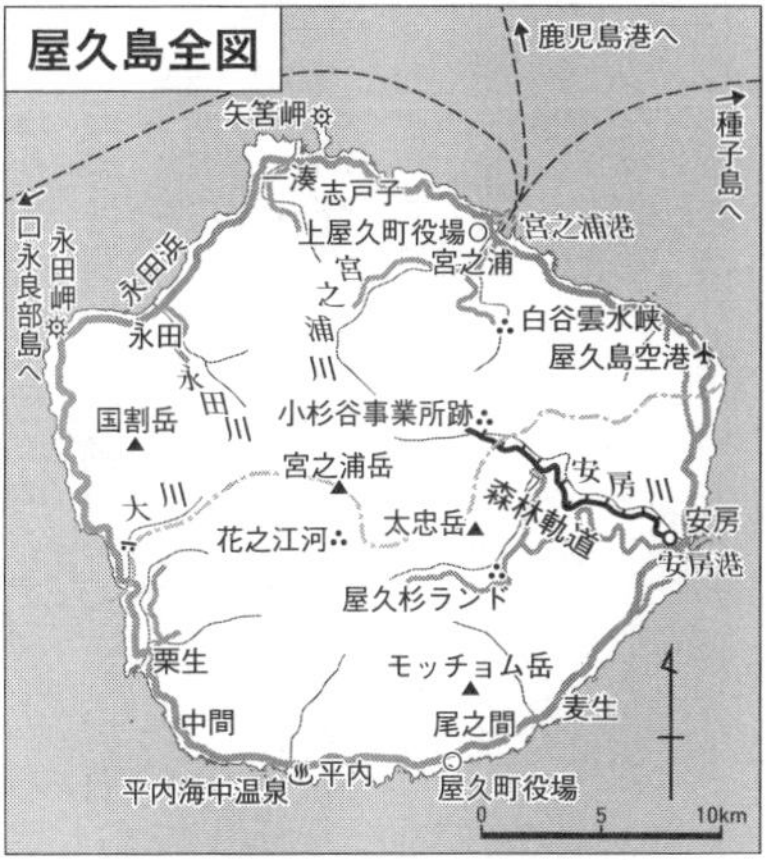

それもよいだろう。屋久島は雨の島なのだ。

揺れながら高度を下げると、雲霧のなかから岩礁《がんしょう》の海岸と緑の濃い山肌が現れ、機は雨に濡れた小ぢんまりした屋久島空港に着陸した。

空港には屋久町役場の上山利光《うえやまとしみつ》さんが迎えに来てくれていた。南国育ちらしい逞《たくま》しい風貌《ふうぼう》の人である。頂戴した名刺の肩書は「地域活性化対策室長」。

上山さんの運転する車で県道を南へ走

り、安房川《あんぼう》を高い橋で渡る。海岸から一キロ余しか離れていないのに谷は深く切れこみ、両岸は濃い緑に被われている。靄《もや》がかかって、深山幽谷のようだ。

森林軌道の便乗は明日なので、きょうは観光。まず「屋久杉自然館」（平成元年一〇月開館）に立ち寄る。斬新なデザインの建物である。

内部の展示は、よく工夫されていて、「屋久島の植物の多彩ぶりや豊かさを教えてやろう」という意欲にあふれていた。

巨大な屋久杉の輪切りがあり、年輪のところどころに歴史上の事件を記した小さな紙が貼ってある。「大化改新」（六四五年）どころか、弥生《やよい》時代にまで年輪は及んでいる。人生の短さと、はかなさを感じる。

森林軌道の全盛時代のビデオも見ることができる。トロッコに積んだ屋久杉の上にまたがった人が、ブレーキ用のロープ一本を手に走り下ってくるさまは、スリル満点、命知らずの男たち、といった感じだ。

「安房のバーで、いちばんモテたのは、この人たちだったそうです」

と上山さんが言う。カッコも気っ風《きっぷ》もよかったのだろう。しかし、四六年間、一人の死者もなかったという。脱線や横転は、しばしばあったそうだが。

屋久杉自然館について詳しく書く余裕はないが、ぜひ訪れてほしいところである。

車は、さらに南へと走る。ハイビスカスやブーゲンビリアが咲いている。県道を右に折れ、つづら折りの道をすこし上ると、鯛《たい》ノ川にかかる千尋《せんぴろ》滝がある。小さな島の滝だから大したものではあるまいと思っていたが、意外に見事な滝であった。水量が豊かなのだ。滝は高さで比較されるが、その迫力は高さよりも水量だ。しかも、滝の左につらなる高さ二〇〇メートルの大岩壁がすごい。黒光りの岩肌は滑らかで、あそこを転げ落ちる自分を勝手に想像して身の毛がよだつ。

今夜の宿は、屋久町役場のある尾之間《おのあいだ》集落のはずれの温泉旅館で、やや大きな民家といった感じ。

さっそく岩風呂に入る。硫黄《いおう》泉だが、澄明な湯で、肌がつるつるする。湯から上って、宿の下駄《げた》をつっかけて陶然と散歩に出る。雨は上っていた。

眼を奪うのは、間近に天を突く岩山のモッチョム岳である。標高は九四四メートルにすぎないが、山は高きがゆえに尊からずで、「突兀《とっこつ》」という語はこの山のためにあるのではないかと思うほどの山容だ。まだ屋久島の片鱗《へんりん》に接したばかりだが、この島の地形の険しさに圧倒される。

モッチョム岳の険しさとは反対に、宿のあたりののどけさはどうだろう。一二月の末というのに、路傍には亜熱帯性の花々が咲いている。ポンカンや特産のタンカン、さらにはパパイヤも実をつけている。北に高い山を背負った尾之間地区は、ひときわ暖かいのだろう。温泉もあるし、桃源郷だ。都会生活を捨ててこのあたりに移り住む人が多いというのも肯《うなず》ける。

冬なのに暖かい日が暮れ、上山利光さんと夕食。上役で同姓の上山舜一郎《しゅんいちろう》企画課長も同席してくださる。

膳には海の幸が並んだが、そのなかに筒状の小さな見たこともない貝がある。「せ」あるいは、その形から「亀の手」と呼ぶ磯につく貝だそうだ。恐る恐る身をほじり出して食べてみると、磯の香りが口中に充満する。

そんな貝などを肴《さかな》に、地酒の焼酎《しょうちゅう》を飲みながら、お二人の話をうかがう。若い人たちが島を離れていく、野生のサルが畑を荒らす、が、サル退治は禁じられている……。どこへ行っても、こうした話になる。

しかし、屋久島は超一級の自然に恵まれている。その人気は近時とみに高まりつつある。観光によって島を活性化し、豊かにしたいと考えるのは当然だ。森林軌道の観光鉄道化は、その大きな柱になるだろう。

けれども、交通を便利にして、たくさんの人が屋久島の大自然に触れるのはよいことだが、その代償として貴重な自然が破壊の危機にさらされる。そこのところの兼ね合いがむずかしい。日本人の自然に対するマナーは非常に悪いし。

屋久町役場の人たちは、そんなことは百も承知で、相反する要素の相剋《そうこく》に悩み、調和を探っている。「森林鉄道は奥地への移動の手段ではなく、車窓を自然見学の場としたいのです」と、舜一郎課長。

「終点の小杉谷に研修所をつくって、自然愛護の道場にしようとする案もあります」と、利光室長。

「終点で乗客をテストして、不合格者は追い返すことにしてはどうでしょうか」などと、私も口をはさむ。

話ははずむが、問題が深刻なので、いくら焼酎を飲んでも酔いが回ってこない。夜が更《ふ》けてきた。

あしたは森林軌道に便乗する日である。天候が気にかかる。

「天気まつりをやりましたから晴れるでしょう」

と利光さんが言う。翌日の好天を願って前夜に酒を飲むのを「天気まつり」と言うのだそうだ。

翌一二月二六日、木曜日。夜が明けるのを待って、共同浴場へ行く。早起きのおじさんたちと挨拶《あいさつ》を交して温泉に入る。その気分のよいこと。滑らかな湯のなかで、しあわせに浸る。嬉しいことに、きょうは天気がよいようだ。雲はあるが朝日がさしてきた。

朝食後、児玉嬢と宿のあたりを散歩。民家のおばさんが、ザルに盛ったタンカンを私たちに差しだして、持って行けと言う。

八時三〇分、役場の車で出発、安房へ向う。

途中で写真担当の日下田紀三《ひげたのりぞう》さんが同乗する。日下田さんはNHKに一八年間勤めたのち退職し、東京から屋久島へ移住した人で、写真集『屋久島の四季』などの著書がある。

安房の手前で左折し、畑と林の混じり合うなかを少し走ると、森林軌道の起点の「苗畑《なえばた》」に着いた。

かつての軌道は安房川河口の貯木場まで通じていたのだが、いまは撤去され、森林軌道は苗畑が起点である。

苗畑は高い河岸段丘の上にあり、その名が示すようにスギの苗を育てたところである。駐車場をつくるのに絶好だな、と思う。もっとも、屋久島にマイカーを持ちこむ人は少ないだろうから、広い駐車場用地は必要としない。

黄色に塗られた箱形の可愛《かわい》らしい気動車がいる。「屋久島電工」と書いてある。苗畑―荒川口間一〇・七キロは、この会社の所有である。

トロッコが一両連結されており、発電所保守の人が三人乗っていた。

私たち四人が気動車に乗りこむやいなや、作業服の機関士さんが待ちかねていたようにエンジンをかけ、ロックを解いてチェンジレバーをロウにし、発進した。バスのようだ。九時一一分。

乗ったとたんの発車で面くらったが、未知の軌道をゴトゴトと走りだす感触はすばらしい。鉄道大好きの人ならわかるだろうが、身震いがする。

気動車は、岩肌をかすめながら、グイと左へカーブし、濃い茂みのなかへ突っこむ。樹々が頭上に被いかぶさって、暗くなる。

軌間《ゲージ》は七六二ミリ（二フィート半）で、路盤の幅は一・五メートルそこそこ。緑濃い照葉樹林に包まれてしまうから、空から偵察しても、この鉄道を見つけるのはむずかしいだろう。幅広い道路とは比ぶべくもなく、細々と自然に抱かれている。

レールは、鉱山のトロッコ用のように細い。一メートルの重さが九キロの極小のレールである。観光鉄道として活用するには一五キロ以上のレールに換えねばならぬだろう。

レールは貧弱だが、枕木《まくらぎ》は新しいものが多く、防腐剤で黒々としている。道床砂利《バラスト》も新しい砕石が目立つ。保線は行き届いているようだ。

路盤もしっかりしている。硬質花崗岩を切りひらいたのだから堅固だ。しかも、谷側の崖は、がっちりした石垣になっている。機械力に乏しい大正時代に、わずか一年半でこの森林鉄道を完成させたとは驚きだ。労務者たちは体に縄を巻き、崖にへばりついて石を積んだという。そのお蔭《かげ》で、路盤補強の必要はなさそうである。

気動車は右に左にと曲りくねりながら、安房川南岸の急斜面の茂みのなかを登って行く。

左の窓を、岩肌がスレスレにかすめる。顔や手を出したら大変だ。削り取って幅を広げたいが、お金がかかるから、窓の開かない客車にするほかないと考える。

急カーブ、切通し、そして橋梁《きょうりょう》、トンネルと目まぐるしい。上山さんから頂戴した資料によると、荒川口までのあいだに、橋梁が二二、トンネルが一五ある。

橋梁の構造の内訳は、鉄橋五、コンクリート橋一三、木橋四となっている。木橋は運輸省が旅客輸送を認可しないだろうから、強化せねばならぬが、一〇メートル前後の短い橋ばかりだから、さほどの出費にはならぬだろう。

木橋にかぎらず、他の橋も短い。山ひだのあいだから安房川へ落ちる小さな流れをヒョイと渡るだけなのである。

だが、見下ろすと、短い橋なのに谷は深く切れこんでいる。橋の長さより谷のほうが深く、滝の上を渡るようなスリルと絶景の橋もある。

そこを、アッというまに通過してしまうのが惜しい。観光鉄道化が実現したときには、徐行運転や停車で、この眺めをゆっくり観賞できるようにしたいと思う。

つぎにトンネル。これが特異な形をしている。

素掘りのトンネルで岩がゴツゴツしているのは軽便鉄道ならではだが、断面が「凸」型になっている。トロッコに屋久杉の丸太を積み、その上にまたがった男の頭がぶつからないように、トンネルの上部をわずかに掘り上げたのだ。ギリギリの断面のトンネルなのである。

私は、「夢の山岳鉄道」は排気ガス公害のない電気鉄道にしたいと考えている。しかし、この屋久島の軌道を電化するには、架線用のスペースのためにトンネルの上部を削り取らねばならない。工事費がかさむ。それより何より、貴重な凸型・人形《ひとがた》の断面が消滅してしまう。私は「屋久島自然林保存鉄道」の電化を断念した。

登るにつれて植物の生態が変っていく。大きなシダが現れて、窓を払う。突然、明るみに出て、深く切れこんだ安房川の峡谷を見下ろす。これからが屋久島森林鉄道の白眉《はくび》である。

トロッコ一台を連結した小さな気動車は、エンジンを震わせながら細いレールの上を登って行く。頭上には緑濃い樹々が枝をのばし、晴れているのに、ほとんど日は当らない。

もし、この軌道を二車線の自動車道路に改造したなら、どうなるか。路盤の幅は約三倍になる。山肌を大きく削り、谷の側にはコンクリートの壁を築かねばならない。

鉄道も道路も自然を傷つける。しかし、その傷害の度合は大いにちがう。路盤の幅を三倍に拡《ひろ》げようとすれば、削り取る岩や土の量は断面での単純計算で三の二乗の九倍になる。

このちがいは、谷をはさんで道路と鉄道とが通じている場合、よくわかる。川、とくに山間の谷川は古来からの交通路だから、その例は無数にあるが、多くの人が利用

屋久島自然林保存鉄道

するルートを例にあげれば、飛騨《ひだ》川に沿う国道41号線とJR高山本線、四国の吉野《よしの》川の景勝地、大歩危《おおぼけ》小歩危《こぼけ》における国道32号線とJR土讃《どさん》線、倉敷から米子《よなご》へ抜ける国道180号線とJR伯備線、九州の球磨《くま》川に沿う国道219号線とJR肥薩《ひさつ》線などだろうか。

道路から見る対岸の鉄道は細々としていて、木の間を縫う。トンネルのなかへと消えることも多い。それに対し、鉄道の側から眺める道路は狼藉《ろうぜき》の限りを尽していて、渓谷美を目茶苦茶にしている。割り切った言いかたをすれば、鉄道側には自然があり、道路側には自然がないのだ。

鉄道びいきの私が言うことだから、いくらか割り引いて読んでくださってよいけれど、大まかなところ、そういうありさまである。団体バスやマイカーでばかり旅行している人に、「たまには高山本線や土讃線に乗って、対岸の国道の状況を見てください」と言いたくなる。

道路なくして現代の流通はありえず、私たちの生活は成り立たない。自動車道路が横暴であると言っても、これをなくすわけにはいかない。

だが、生活維持とは関係のないところにまで自動車道路が建設され、自然を破壊しているのは、どうしたことか。「××スカイライン」の類の、観光だけを目的とする道路がそれである。

自然の景観を傷つけるだけではない。幅広い道路が刻まれたために、植生の微妙な調和が乱されて、沿道の木が枯れ、野生の動物の減少や絶滅などの現象もあらわれている。

私が、このシリーズを書いているのは、観光のみを目的とする道路を鉄道に転換し、路盤の縮小による部分を復原し、木を植えて、もとの自然に近づけたい、と思うからである。もとより素人《しろうと》の発言で、犬の遠吠《とおぼ》えのようなものだが、日本のあちこちを旅行してきた者として、言わずにはいられない。

そういう意図《いと》によるこのシリーズ名を「夢の山岳鉄道」としたのは適切でなかったかもしれない。

「上高地から穂高岳への登山鉄道をつくれ」といった読者からの手紙を頂戴する。いまの技術からすれば容易だろうし、採算もとれそうだが、これは地図の上の遊びにとどめたい。

その一方、「観光道路をつぶすのは大賛成だが、鉄道も反対。観光客が入りこんで自然を荒すことに変りはない」という意見もある。自然保護のためには、それがいちばんよいに決まっているが、それでは自然の美しさに触れることができるのは足腰の

丈夫な者や山男だけに限られてしまう。定年退職後の晩年夫婦でも、山奥の自然に接する交通機関があってもよいのではないか。

そのへんの兼ね合いが難しいのだが、私としては、自然破壊の少ない軽便鉄道がよかろうと唱えているわけである。

ケース・バイ・ケースで、それぞれについて考えていかねばならないが、この屋久島の場合は観光道路などで荒されていない。私たちが乗っている森林軌道一本と木材搬出用の林道が何本かあるのみだ。それをうまく活用したい。

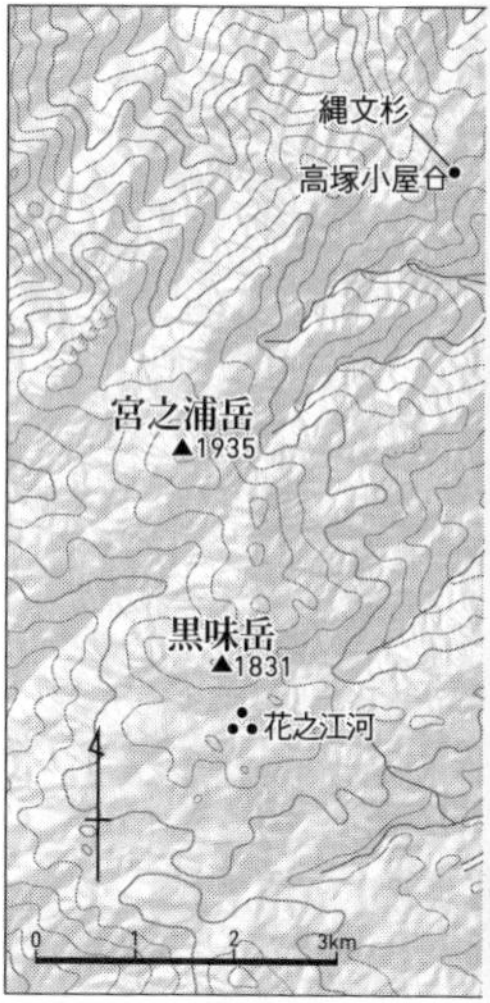

小さな気動車はトロッコ一台を牽《ひ》いて、軌間七六二ミリの細々とした線路を登っていく。

標高が高まるにつれて、林相が変り、針葉樹が現れてきた。岩は苔《こけ》に覆《おお》われて素肌を見せない。

線路は濃い樹々に包まれているが、ときに崖の上に出て、安房川の谷を見下ろす。黒部峡谷に比肩《ひけん》される深く切れこんだ谷だが、谷底は白い岩肌や巨岩で埋めつくされて、砂利の河原はない。水がどこを流れているのかわからぬほどである。対岸は盛り上るような樹林に被われていて、人間による爪跡《つめあと》は、まったくない。線路は地図の等高線をトレースするかのように曲りくねっているので、橋やトンネルは、ごく短い。

しかし、橋の下は支流の谷が切り裂いたように深く、流れも急で、滝の上を渡る箇所もある。

約二キロごとに短い複線区間がある。上り下りの列車の行きちがいのための信号場である。これはダイヤ作成のうえで、大いに役立つだろう。

上山さんが、窓をかすめる樹々を指さしては説明してくれる。種類が豊富で、とても覚えきれないが、植物園のようだ。列車の速度は時速一五キロないし二〇キロで、自転車なみだが、景色は多彩、軌道自体がおもしろいし、それに植物が加わるから、目まぐるしい。応接にいとまがない。もっとゆっくり走ってほしい、臨時停車してほしいと思う。この軌道が屋久島見学鉄道として再活用された場合、速度を下げ、要所要所で停車させたいと、昨夜の会食のときに上山さんたちが言っていたが、なるほどとうなずく。

南から流れこむ大きな支流の千頭谷《ちがみ》にさしかかると、線路は安房川の本流から離れて南側の山の奥へ奥へと分け入って行く。大きな迂回《うかい》である。現在の自動車道路なら高い橋を架けて一気に対岸へ渡ってしまうだろうが、わが森林軌道は等高線をたどりながら谷の奥まで入って、ごく短い橋で流れを渡り、ようやく反転する。

まもなく安房川を脚下《あしもと》に見下ろす崖の上に出て停車。起点の苗畑から八・四キロ地点。三二分を要した。

谷底に第一発電所の建物が小さく見えている。森林軌道との標高差は約二〇〇メートルあり、急勾配のインクラインが設けられている。発電所保守の人たちが、それに乗って下っていく。若干の改良をほどこせば一般の客も利用できるだろう。しかし心臓の弱い人やお年寄りは遠慮してもらったほうがよさそうだ。

さらに一キロほど走ると、発電所の人たちの宿泊所だった建物がある。いまは無人となっているが、屋上からの眺めは非常によい。眼前には荒々しい岩峰の権現《ごんげん》岳、眼下は蛇行《だこう》する安房川の白い岩床《がんしょう》、そして見渡すかぎりの原生林。ここに休憩所を設け、駅名は「権現岳展望台」にしよう。

駅名表

駅間勾配（‰）	標高（メートル）	キロ程	駅　名
	70	0.0	苗畑
25			
	95	1.0	第一信号場
46			
	200	3.2	第二信号場
41			
	290	5.4	第三信号場
66			
	415	7.3	第四信号場
68			
	490	8.4	第一発電所
35			
	525	9.4	権現岳展望台
58			
	600	10.7	荒川口
13			
	620	12.2	第五信号場
25			
	650	13.4	小杉谷研修所

ここから第一発電所へと下る細道がある。これを整備して安房川の谷底まで下る遊歩道とし、帰りはインクラインで引っ張り上げてもらう、という案はどうだろうか。

権現岳展望台から一・三キロで支流の荒川と安房川本流との合流地点に着く。

森林軌道の分界点で、起点の苗畑からここまでは屋久島電工株式会社（通称、屋久電）、この先は営林署の所有となっている。

無人の境界ゲートを過ぎ、荒川の鉄橋を

渡って安房川の南岸を行く。

営林署所有の軌道は、いまでも屋久杉の搬出に使用されている。新たに伐採した杉ではなく、古い切株（土埋木《どまいぼく》）を切り出して運んでいるのである。これを輪切りにしたのを豪邸の床《とこ》の間や料亭の玄関などで見かけるが、値が高いのだという。

樹齢一〇〇〇年を越えた屋久杉の大きな切株を運んでいるのに、営林署の軌道は屋久電側にくらべると見劣りがする。枕木は朽ちて、レールは撓《たわ》んでいる。わが気動車は速度を下げて走る。

そのガタガタ、ゴトゴトの乗り心地の悪さは格別のものだが、その悪さと良さとの分別がつかなくなる。脱線・転覆したって、駆け足をして転んだようなもので、安全であるし、あたりの樹林はすばらしい。ちかごろ流行の「地球にやさしい」とかいうことばが念頭をかすめる。それは、この軌道に乗った者だけが口にすべきだと思ったりする。

湧水池《ゆうすい》があり、停車した。おいしい水だとすすめられて、飲む。

太いホースがあり、気動車に給水する。ガソリン・スタンドに立寄ったかのようである。この軌道に便乗した観光客のおばさんが、

「屋久島の汽車は水で走るのかいな」

と言ったという話が機関士さんから紹介され、思わず失笑する。が、笑ってはいけなかったかもしれない。ここから下る場合、水どころか、無動力で起点の苗畑までの一二キロを下っていけるのである。トロッコの上に積んだ屋久杉の丸太の上にまたがった搬出者の勇姿を見せてくれる区間を設けてみてはどうだろうか。

気動車と一両のトロッコは終点に着いた。

線路はその先へと延びて、安房川を渡り、さらに奥へと通じているのだが、便乗区間は、ここで終りである。

私たちを乗せてきてくれた小さな気動車は、踵《きびす》を返して軽ろやかに下って行ってしまう。

あとに残ったのは、一台のトロッコだけである。

「下りは、これさえあればよいのです」

と上山さんが言う。帰りは下り勾配なので、トロッコだけで下るのだ。

対岸には、屋久杉伐採のために開拓された小杉谷集落があり、小・中学校もあった。それが伐採終了とともに昭和四五年に消滅したのだが、その跡地は広く、屋久杉伐採時代の遺跡であるとともに、これからの屋久島探訪の拠点としての有力候補地である。

その小杉谷集落跡へ行かねばならぬのだが、安房川の本流に架かる軌道用の鉄橋は高く細い。一行はスイスイと渡るが、齢《とし》とともに足もとに自信がなくなった私は、怖くて渡れない。トロッコに乗り、上山さんたちに押してもらって渡る。情なくて意気消沈する。

小杉谷集落跡は、消滅後わずか二一年しか経ていないのに、すでに考古学の対象としてよいほどに古さびていた。

この地に自然学習の研修所や宿泊施設をつくろうとの案があり、良いことだと思うが、私としては、森林軌道での往復、欲を言えば一部の区間をトロッコで下るというぐあいに設定してもらえれば十分に満足である。

屋久島というと、ここからずっと奥にある樹齢七〇〇〇年の縄文杉がシンボルで、それを見なければ、ときびしいことを言う人が多いようだが、私が森林軌道に便乗させていただいた印象では、小杉谷までを往復すれば、「木のいのち」に接することができる。ぜひ森林軌道を活用してほしいと思う。

比《ひ》叡《えい》山《ざん》鉄道

比叡山へのルートの歴史は、三つの段階に分けられる。

Ⓐ昔は歩いて登った。これは当りまえだ。

Ⓑ大正一四年（一九二五）、京都側の八瀬《やせ》からケーブル（一・三キロ）が開通した。二年後の昭和二年には滋賀県の坂本側からのケーブル（二・〇キロ）も開通した。さらに昭和三年には、八瀬側ケーブルの終点から延暦寺《えんりやくじ》の途中まで〇・六キロのロープウェイが設けられたが、戦争中に鉄材供出で撤去された。これに代って昭和三一年には比叡山まで〇・五キロのロープウェイが開業している。

Ⓒそして、クルマ時代の到来を先取りするかのように昭和三三年（一九五八）、南側から尾根づたいに登る「比叡山ドライブウェイ」（八・一キロ）が山肌をきりひらいて開通し、さらに昭和四一年には北側からの「奥比叡ドライブウェイ」（一一・八キロ）が開通した。

Ⓐの時代の経験は私にはないが、聞書きはできる。中国史の碩学《せきがく》、故貝塚茂樹《かいづかしげき》先生

を比叡山国際観光ホテルにカンヅメにして原稿を書いていただいたことがある。一憩の散歩の途次、先生は言った。

「中学生のとき、歩いて登ったが、シンドかったで。いまはナンや。比叡山、どうなってしまうんか」

Ⓑの時代は私の世代の記憶のなかにある。とくに坂本側の長いケーブルカーの印象は強く、「比叡山って、奥深く険しい山なんだな」と思い、延暦寺の大伽藍《だいがらん》に着いたときは、「よくぞこんな山の上に」と感心した。

さて、Ⓒであるが、まず昭和三三年に開通した南側からの「比叡山ドライブウェイ」は、京都市北部と大津市北部とを結ぶ府県道の分水界の田ノ谷《たたに》峠（標高三七〇メートル）を起点として尾根づたいに延暦寺の中心の根本中堂《こんぽんちゅうどう》（六八五メートル）に達する。八・一キロのあいだに五〇〇メートル以上も登るのだから、かなりの勾配のはずだが、乗用車なら一五分ぐらいで、事もなげに根本中堂に着いてしまう。

私がこの観光有料道路をはじめて走ったのは昭和三八年の春、貝塚先生をクルマに乗せてホテルへと向ったときであった。

「山に登る」という感じは、ほとんどなかった。尾根の縦走だからだろうが、右に琵《び》琵《わ》琶湖、左に京都の盆地を見下ろしながら、クルマは快調に走った。道幅は広く、ガソリン車の登攀《とうはん》力は強い。鉄道ならばＳＬはもとより、ディーゼル車でも喘《あえ》ぐはずの上り勾配（別表参照）を楽々と登って行った。

この道路のルートについて、その方面の専門家でもない私に評価する能力はないけれど、「うまいぐあいに道をつけたものだなあ」と感心したのを覚えている。

その後、このドライブウェイを通る機会はなかったが、飛行機の窓からは幾度も眺めている。仕事の関係で、京都近郊の史跡を空から撮影するため、セスナ機で低空旋回をしたこともある。そのたびに、比叡山の山なみに切り傷のように脈走るドライブウェイを「醜い」と思うようになった。自然破壊、と言ったほうが今の時代には受けがよいだろうが、私としては醜さが気にかかった。

この幅広くて厚かましい「比叡山ドライブウェイ」をつぶして鉄道（単線）用地に転換したいと思う。

幅七・五メートルの道路が三・五メートルに狭まるので、あとの四メートルは木を植えて自然にもどす。やがて木が茂れば、線路に被いかぶさるようになるだろう。

比叡山頂にあるのは延暦寺と若干の観光施設だけで、集落はない。道路がなくなっ

比叡山鉄道

ても、マイカーに頼る一般住民の足を奪うことはない。手がつけやすい。

それに、延暦寺は最澄の修行の場として開山した霊場だったのに、その後は僧兵をたくわえるなど、悪いことをしてきている。いまでも、根本中堂の拝観券売場の係など態度が大きくて愉快でない。「比叡山ドライブウェイ」なんてつぶしてしまえと、いささか八つ当りだが、信長《のぶなが》の叡山焼打ち（元亀《げんき》二年＝一五七一）に共感する心情をもっている。

なお、延暦寺から北への「奥比叡ドライブウェイ」が昭和四一年に開通している。これは通ったことがないし、空から見た印象もない。が、資料によると幅員は七・五メートルもある。これもなくしたほうがよいなと考える。

それから、東西二本のケーブル線を活性化し、利用者をふやしたいという欲もある。そのためには両線を連絡する鉄道がほしい。距離は約二・六キロ、さいわい道がつながっているので、これを活用すればよい。

二月二二日（一九九二年）土曜日の朝、京都駅前のホテルを出て、編集部の児玉嬢とともにタクシーに乗る。まず南の「比叡山ドライブウェイ」と北の「奥比叡ドライブウェイ」を縦走し、そのあと琵琶湖側へ下って、坂本から「東ケーブル」で上り、山頂付近を西へ歩いて「西ケーブル」で京都へ下るつもりであった。

雪が舞っている。京都というところは北陸・山陰の気象の影響を受けやすい位置にある。

観光のシーズンオフに、長距離の奇特な客が乗ったので、運転手さんは喜んだが、「比叡山は雪が積っているかもしれん」と、無線で営業所にたずねた。

「積雪のためドライブウェイは通行禁止。除雪作業をおこなっているが、いつ開通するかは不明」

とのこと。

鉄道ならば、この程度の雪では不通になるまい、だから鉄道のほうがよいのだ、と私は思うわけだが、さしあたっては、ドライブウェイの縦走を諦《あきら》めるほかない。二月に比叡山へクルマで上ろうとした私がいけないのだ。

予定を変更して、まずケーブルに乗ることにし、「西ケーブル」の起点の八瀬へ行った。正しい名称で記すと「京福電気鉄道・鋼索線」の「ケーブル八瀬遊園」駅である。

駅付近は、うっすらと雪があったが、ケーブルは運休しない。

ケーブルは9時30分に発車したばかりで、つぎは10時00分発。三〇分ちかくも待たねばならない。これが鉄道の弱いところで、自由に発車できるマイカーにかなわない。

私たちのほかに客はなく、かつての盛況を偲ばせる立派な駅舎は、舞う雪のなかに、ひっそりしている。所在なげに窓口に坐っている年輩の駅員にたずねてみた。

「ドライブウェイができてからは、お客さんがガクンと減りましたわ」

ところが、発車時刻が近づくと、派手なウエアーのスキー客が続々と現れた。頂上近くに小さなゲレンデがあるのだそうだ。

騒がしい若者とはなじめないが、このケーブルのために祝福したい気持になる。

「西ケーブル」はグイグイと登る。標高差は五六〇メートル。脚下に深まっていく谷を見下ろし、比叡山へ登るのだとの実感が高まるにつれて雪が地表を被い、山頂の駅に着いたときは、三〇センチくらいになっていた。

ケーブルをおりたスキー客たちは、杉木立のなかの山道を列をなして登って行くが、私たちはロープウェイに乗った。〇・五キロ、三分で山頂駅に着く。標高は八二〇メートルで比叡山の頂上に近い。

このロープウェイを活用するかどうか、迷うところである。

しかし私は、ロープウェイを無視し、東西のケーブルを連絡する鉄道を敷くという初志をつらぬくことにした。「比叡山頂線」という愉快な鉄道をつくりたいとの欲望があったからである。

勾配が急なので（別表参照）、ラックレールを敷く。列車を牽くのは小型のSLで、急勾配でも缶《かま》が水平になるように、前のめりの妙な形にする（黒岩さんのカバー画参照）。これはスイスのブリエンツ・ロートホルンの鉄道を真似たものである。

なんでそんな時代遅れの鉄道にするかというと、それが人気をよぶだろうと愚考するからだ。シュッシュ、ポッポと蒸気を噴き出し、音と姿は勇ましいが超鈍足のロートホルン鉄道は、それゆえに大盛況なのである。

変形SLを日本で製造するのは無理（黒岩さんの話）なので、ロートホルン鉄道に発注するとしよう。火の粉で山火事を起すといけないので、燃料は無煙炭に油を滲《し》ませる。

さて、現実にもどって、ロープウェイをおり、雪道を少し歩くと、駐車場がある。山頂にこんな広い駐車場をつくったのか、と驚くほど広い。「比叡山ドライブウェイ」の支線が、ここまで延びてきている。

ここを「四明岳駅《しめいだけ》」と名づけ、わが「山頂線」の基地とし、SLの向きを変える転車台を設ける。これから先は下り勾配になる。機関車のつけかえに五分や一〇分はかかるだろう。それをマダルッコしいと思わぬように乗客の心が豊かになっていることを期待する。転車台を乗客が押して回す、というサービス（?）もあってよいだろう。カメラの格好の被写体になる。

転車台などを設けても、この広い駐車場の五分の一ぐらいの用地で十分だろう。あとは木を植えて自然にもどす。愉快ではないか。

だが、心配になってきた。鉄道を敷設するよりも自然への復原のための費用のほうが何倍もかかりそうではないか。「比叡山鉄道」の創始者で社長たる私は一介の文筆家で、府や県や国の有力政治家に献金して、うまくとりはからってもらう才覚はないし。

ふたたび現実にもどって、「東ケーブル」のほうへの広い道路を歩きかけると、

「自動車専用道路。歩行禁止」

の札がある。

私は、それを無視して進入した。きょうは雪のために不通となっているのだから、かまわないだろう。

雪は舞っているが、視界は意外によく、琵琶湖が見下ろせる。風光絶佳《ぜっか》。そこをS

L列車でノロノロと下るさまを夢想する。

自動車専用道路の支線が本線と合する地点までできた。

ここに「山頂線」と「比叡南線」(別表参照)との接続駅「東ケーブル上」を設ける。斜面にあるので、接続駅の場所にふさわしくないのだが、幅広いドライブウェイが二本合わさっているので、用地は確保できる。ここだけはドライブウェイに感謝する。

ただし、東ケーブルの駅と二〇〇メートルほど離れており、しかも標高差が五〇メートルもある。「山頂線」を延長したいが、ラックレールでもSLでは無理だ。かといって、東ケーブルを延長するとなると、ケーブルはツルベ井戸式の構造だから、改造するにはたいへん金がかかる。

私はこの区間にエスカレーターを設けて処理することにした。が、自分でも感心していない。名案があったら教えていただきたい。

また現実にもどって「東ケーブル」で坂本へ下る。全長二・〇キロ、日本最長のケーブルである。私は日本のケーブルの全部に乗ったが、これがナンバー・ワンだ。深い杉木立に包まれ、建設いらい六五年も経たからであろう、比叡山の自然に溶けこんでいる。

比叡山に登るなら、このケーブルに乗ってほしいと思う。しかし客は少ない。

山麓《さんろく》の坂本に着いた。ケーブルの終点は二階建ての大きな西洋館で、駅前に広場もあり、比叡山のメインルートだった時代の盛況を偲ばせる。

坂本は、いいところだ。比叡山から流れ下った清流が勢いよく石積みの側溝《そっこう》を噛んでいる。あたりは比叡山から下界に移り住むことをゆるされた老僧たちの里坊《さとぼう》が並んでいる。最澄が生れたという生源寺《しょうげんじ》もある。

古風な構えのソバ屋で昼食をすませる。おいしいソバであった。

腹がくちくなると闘争心がなくなる。二本のケーブルと、その間をつなぐSL・ラックレールの「山頂線」をつくれば、それでいいじゃないか、南北二本のドライブウエイを温存して「東西の鉄道」と「南北の観光道路」との両者の共存共栄もよかろうか。

と、心やさしくなってきたが、ここでくじけてはいけない。私たちは、またタクシ

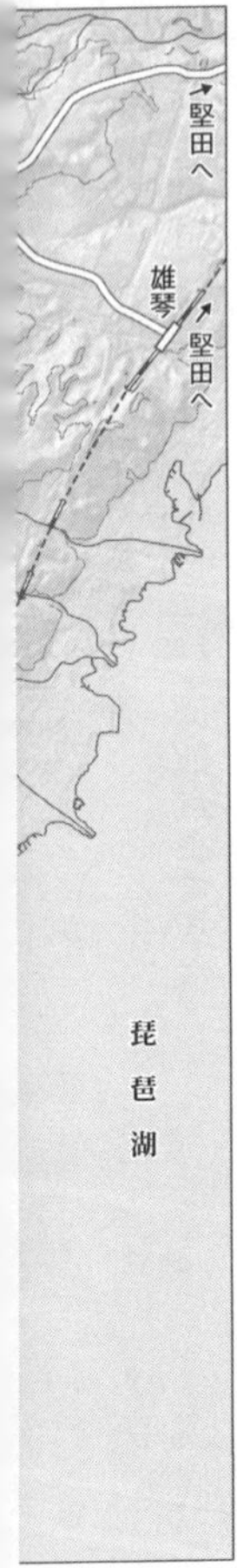

比叡山鉄道
山頂線・南線・北線
電車
SL列車・ラックレール
数字は標高
京都府
滋賀県
比叡北線
(電車)
比叡山頂線
(SL列車・ラックレール)
比叡南線
(電車)
エスカレーター
仰木
220
北比叡
390
横川北口
505
横川
610
横川中堂
遊歩道
峰道展望台
725
西塔
655
根本中堂
685
スキー場
755
在来のケーブル
八瀬遊園
西ケーブル上
690
展望台
815
四明岳
815
東ケーブル上
690
サルの村
645
ホテル前
590
遊園地
510
夢見ヶ丘
470
田ノ谷峠
370
日吉神社
生源寺
坂本
叡山
京阪電鉄
唐崎
JR湖西線
南滋賀
近江神宮
銀閣寺
西大津
出町柳へ
北白川通へ
山科へ
0
1
2km

比叡山頂線（SL・ラックレール）／駅名表

駅間勾配（‰）	標高（メートル）	キロ程	駅　名
	690	0.0	西ケーブル上
108			
	755	0.6	スキー場
120			
	815	1.1	展望台
0			
	815	1.3	四明岳
96			
	690	2.6	東ケーブル上

比叡南線（電車）／駅名表

駅間勾配（‰）	標高（メートル）	キロ程	駅　名
	370	0.0	田ノ谷峠
56			
	470	1.8	夢見ヶ丘
33			
	510	3.0	遊園地
53			
	590	4.5	ホテル前
42			
	645	5.8	サルの村
28*			
	690	7.4	東ケーブル上
7			
	685	8.1	根本中堂

＊上り下りあり（最高700メートル）

比叡北線（電車）／駅名表

駅間勾配（‰）	標高（メートル）	キロ程	駅　名
	685	0.0	根本中堂
20			
	655	1.5	西塔
70			
	725	2.5	峰道展望台
40			
	610	5.4	横川
58			
	505	7.2	横川北口
82			
	390	8.6	北比叡
68			
	220	11.1	仰木

ーに乗って、ふたたび比叡山へと向い、田ノ谷峠で車を停めた。雪はやみ、比叡山への道路は通行可能だという。

田ノ谷峠は京都府と滋賀県の分水界だが、険しい峠ではなく、団地や広い駐車場がある。「比叡山ドライブウェイ」は、ここが起点である。わが「比叡山鉄道」に乗りかえるに十分な駐車場用地だ。ここで、バスの客やマイカー族はおりてもらう。

「比叡山ドライブウェイ」、つまり夢の「比叡山鉄道・南線」を北へと向う。自動車、とくに乗用車の力強さはどうだろう、鉄道なら喘ぎながら登る勾配を平地を走るごとくである。

それに騙《だま》されてはいかんと思い、この道路を鉄道に転換したならばと、勾配やカーブのぐあいを一所懸命に眺める。誰のために何をやっているかとの念が去来するが、若干の改修で鉄道用地に転換できそうだ。

左右の眺めがすばらしい。京都府と滋賀県の境の尾根を行くので、琵琶湖が見えたかと思うと京の都を見下ろしたりする。

野生のサルの群れが路上にいる。車は急ブレーキで停車する。しかし、鉄道の場合はブレーキをかけてもすぐには停まらない。サルを轢《ひ》き殺してしまうかもしれない。可哀そうだから、電車の前に線路スレスレに網を突き出し、サルを掬《すく》い上げるようにしよう。アメリカの西部開拓時代の「牛《カウ》キャッチャー」だが、サルは利口だから、すばしっこく逃げてしまうだろう。でも、「サル・キャッチャー」を備えれば、それが話題となり、客を呼ぶにちがいない。だんだん私は観光業者になりつつある。

一日に二度の比叡山登りを終えて、「東ケーブル上」駅の予定地を過ぎ、根本中堂前に着いた。

ここは比叡山延暦寺の中枢部で、広い駐車場、売店や食堂などがある。最澄が見たら落胆し、僧兵が元気にウドンを食いそうなところだが、その一角に「奥比叡ドライブウェイ」の事務所がある。

ここを訪れなければならぬ。私の目的からすれば訪れたくないのだが、未知の「敵」の事情も知らなければならない。

応対してくれた営業部次長の横田晃司さんは、「ドライブウェイをつぶすというお話ですか。弱りますなあ」と苦笑しながら、「奥比叡ドライブウェイ」の建設の苦心を語ってくれた。南側の「比叡山ドライブウェイ」建設のときは自由自在に山肌をきりひらいたが、八年後の「奥比叡ドライブウェイ」のときは、環境保全とのかかわりで、非常に苦労したという。その話は、私が観光道路を鉄道に転換しようという考えと基本的には一致するものであった。

互いに苦笑しながら、現実と夢を語り合うのは、ぜいたくで楽しい時間だった。

奥日光鉄道

日光の「いろは坂」は新緑と紅葉の名所である。私は紅葉の時期に訪れたことが二度ある。一度目は戦前の昭和一五年一〇月、中学二年生のときで、歩いて現在の「第一いろは坂」を下った。二度目は昭和四三年で、開通してまもない「第二いろは坂」をタクシーで登った。つづら折りの新道は車が渋滞し、バスの大きな尻《しり》が視界をふさぎ、排気ガスの臭《にお》いをかぎながら紅葉を鑑賞するありさまだった。

その後、いろは坂の観光シーズンにおける車の渋滞は、ますますはげしく、閑散期なら一五分ぐらいで登りきる区間を一時間半も要するという。

それは毎年の秋、新聞の写真やテレビの画面でおなじみの光景である。見事な紅葉の山肌に腸のごとくくねる二本の道路。そこに車が数珠《じゅず》つなぎ、糞《ふん》づまりのごとくで、美醜の対照が際《きわ》だっている。

昭和四三年に廃止されたケーブルカーを惜しいと思う。現在の二本のいろは坂の分岐点の馬返《うまがえし》（標高八五〇メートル）から明智平《あけちだいら》（一二七〇メートル）まで、わずか八分で到達していた。

当時は、日光駅と馬返間の九・七キロを二五分で走るチンチン路面電車もあった。日光への観光客は、電車とケーブルを利用して華厳滝《けごんのたき》や中禅寺湖や東照宮を鑑賞・参拝し、東京から日帰りで日光を楽しんだのであった。しかし、電車もケーブルも廃止され、バスやマイカーでしか日光観光はできなくなった。その結果は、クルマの大渋滞。昔の人のほうが幸せだったと思うのは時代錯誤だろうか。


日光は有名きわまる観光地で、「日光へ行く」と言えば旅行の初心者（?）と蔑《さげす》まれかねないが、そんな先入観を払って行ってみると、すばらしいところである。東照宮はオマケのようなものだから除外するとして、湖あり、火山あり、滝あり、湿原あり、温泉ありで、三拍子どころか十拍子ぐらい揃《そろ》っている。しかも、日本の観光地にしては垢抜《あかぬ》けしている。

だが、『Hanako』も本誌『旅』も「日光特集」を企てない。

それはとにかく、観光政策の先輩であるスイスに「日光」という景勝地があったなら、どうするかと考えてみるのは無駄ではないだろう。

たぶん、自動車道路は馬返かその手前の細尾《ほそお》までで、そこから先は登山鉄道やケーブルカーのみとし、自然を保護するにちがいない。スイスに見習わねばならぬ義理はないけれど、念頭においてよいことだと思う。

さて四月三日(一九九二年)金曜日、浅草発の9時00分の東武鉄道の特急で、編集部の児玉嬢とともに日光へ向う。車内は満席。外国人の観光客が多い。もちろん日本人のほうがもっと多い。盛況である。

本題からはずれるが、戦前から戦後の昭和四〇年頃まで、東武鉄道と国鉄とは日光への観光客の争奪戦をやっていた。主としてスピードを競っていたのだが、戦前の国鉄は週末の日光準急に食堂車を連結するというサービスもした。

しかし国鉄は、宇都宮で進行方向を変え、逆戻りして日光線に入るという配線上の難点などあって、東武に敗北した。だから私たち二人は日光へ行こうとすれば、はるばる浅草まで行かねばならない。新宿発の日光行があったなら便利だ。下町の人は怒るだろうが、都庁が新宿に移転したように、東京の中心は西へ移っている。

その不便を解決する方法が、ないわけではない。

時刻表の線路図を見ていただきたい。JR東北本線の栗橋《くりはし》駅で東武の日光線が接触している。そこに連絡線を敷けば「新宿発東武日光行」が可能になり、西東京人にとっては大幅な時間短縮になる。小田急とＪＲの「あさぎり」のような相互乗入れをやってもらいたい。誰でも考えそうなことだが、なぜ実現しないのだろう。ＪＲと東武は仲が悪いのかな。そんなことが気になるので、栗橋駅が近づくと児玉嬢を誘って席を立ち、デッキからＪＲの線路を眺める。ちょっとレールを敷くだけで相互乗入れはできそうであった。

東武日光着10時43分。すぐ接続する中禅寺温泉行のバスに乗る。

「ゆば」（湯葉）の看板目立つ日光の市街を抜けると、大谷《だいや》川を渡る。中禅寺湖から華厳滝を落ちて鬼怒《きぬ》川、利根《とね》川へと注ぐ川である。

廃止された鉄道の橋台が残っている。あれを見よ、と児玉嬢を促し、電車で渡った時代の思い出などを、ひとくさり話す。彼女が生れるより、ずっと昔のことである。

古河《ふるかわ》電工の工場群を過ぎると細尾で、足尾への道が左へ分岐する。川の合流地点で、河岸段丘の上に広い平地がある。絶好の駐車用地だ。ここからが、わが夢の山岳鉄道になるはずである。車は、いっさい通れないようにする。

私たちが乗っている現実のバスは、夢とは関係なく、国道１２０号線を中禅寺湖へと向う。

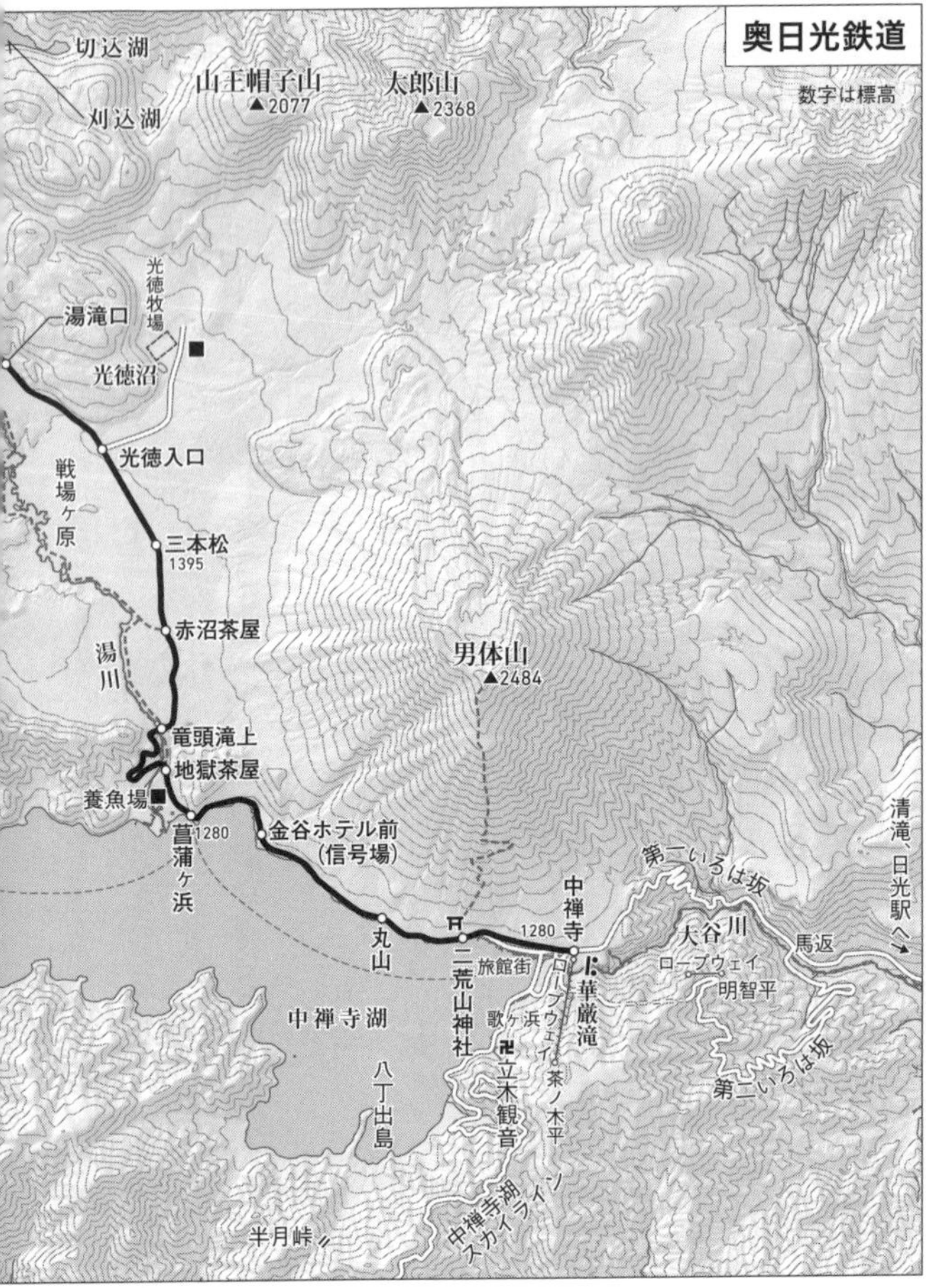
奥日光鉄道
数字は標高
切込湖
刈込湖
山王帽子山
▲2077
太郎山
▲2368
光徳牧場
湯滝口
光徳沼
光徳入口
戦場ヶ原
三本松
1395
赤沼茶屋
湯川
男体山
▲2484
竜頭滝上
地獄茶屋
養魚場
菖蒲ヶ浜
1280
金谷ホテル前
(信号場)
丸山
二荒山神社
旅館街
中禅寺
1280
華厳滝
ロープウェイ
第一いろは坂
大谷川
馬返
清滝、日光駅へ
ロープウェイ
明智平
第二いろは坂
茶ノ木平
歌ヶ浜
立木観音
中禅寺湖
八丁出島
中禅寺湖スカイライン
半月峠

「国道」をつぶすという案は、今回がはじめてである。国道だからといって畏《おそ》れおののくつもりはないが、手強《てごわ》いぞ、といった感じはある。

ケーブルカーの起点だった馬返に来た。

「馬返」。これから先は急坂で馬では登れないという意の地名で、全国のあちこちにあるが、「クルマ返し」に改称して、駐車場をつくったら愉快だろうな、と思う。しかし、馬返に広い駐車場用地はないので、やはり細尾を登山鉄道の起点とするのが妥当だろう。

馬返で国道120号線が二つに分れる。左が上り専用の「第二いろは坂」（昭和四〇年開通。九・四キロ）、右が下り専用の「第一いろは坂」（旧道。六・五キロ）。

どちらを鉄道用地にするかは決めかねている。「第二」ならば平均勾配は四五パーミル。ラックレールを要しないし、カーブもゆるやかだから、わが電車は時速三〇キロぐらいで登れそうである。これが本命だが、旧道の急勾配・急カーブをラックレールで蛇が匍うように登るのも面白そうである。こういう鉄道のほうが人気をよびそうなところまで時代はすすんできている。とにかく実地見聞をしてから考えることにしよう。

第二いろは坂は、勾配もカーブも適度で、鉄道に転換するのに支障はないようであった。道路や鉄道の専門家は、それぞれの技術的立場から「無理だ」と仰言るだろう。このシリーズを書きはじめるにあたって私は、道路公団や鉄道建設公団の人に相談しようと考えた。が、面倒くさいなと思っているうちに、相談する気がなくなった。私が言いたいのはクルマを山から排除したいという素朴《そぼく》な発想であって、技術の問題以前なのだから。

それにしても、これほど乱暴な提案をしているのに、どこからも文句を言ってこないのは、どうしたことか。一笑に付されているのだろう。張り合いがない。

同行の親愛なる児玉嬢にしたって同罪だ。私が「ここに駐車場をつくろう」とか「ここは駅をつくりますぞ」などと言うと、ククッと笑う。本気じゃないのだ。

第二いろは坂を登るにつれて展望がひらけてくる。展望台駅を設けたいところもある。

突然、サルの群れに出遇《であ》う。バスが徐行する。児玉嬢はにわかに嬉々《きき》としてサルにカメラを向け、

「毎回、サルに会いますね」

と嬉しそうである。そういえば、前々回の屋久島も前回の比叡山もサルが登場した。わが夢の山岳鉄道紀行はサル紀行になり果てるのであろうか。

中禅寺温泉の広いバスターミナルに着いた。標高一二八〇メートル。関東平野は桜が満開だったが、ここはまだ冬で、観光客は少ない。道ばたには雪がある。

国道に沿って旅館や土産物店が並び、町を形成している。中禅寺温泉には旅館一八軒、ホテル三軒、

駅名表

駅間勾配（‰）	標高（メートル）	キロ程	駅　名
	1280	0.0	中禅寺
8			
	1270	1.3	二荒山神社
7			
	1275	2.0	丸山
0			
	1275	3.8	金谷ホテル前
7			
	1280	4.5	菖蒲ヶ浜
30			
	1295	5.0	地獄茶屋
42			
	1350	6.3	竜頭滝上
34			
	1391	7.5	赤沼茶屋
4			
	1395	8.4	三本松
7			
	1403	9.5	光徳入口
38			
	1445	10.6	湯滝口
70			
	1480	11.1	湯ノ湖
0			
	1480	12.3	湯元

民宿・ペンション二一軒あり、収容力は三二〇〇人だという。道路をつぶして鉄道を、と説得するのは相当に大変だろう。

つぎに踏査すべきは中禅寺湖から戦場ヶ原を経て奥日光の湯元温泉に至るルートだが、そのまえに旧道の「第一いろは坂」を点検しておきたい。途中で停車して、つぶさに調べたい。「第二いろは坂」はバスで登ったので、観察不十分の箇所がいくつもある。それで、タクシーをつかまえ、

「馬返まで下って、それからここまで戻ってほしい。ときどき車を停めて」

と言った。こんな贅沢《ぜいたく》な乗りかたをする客は、まずいないだろう。が、中年の運転手さんは不審のようすもなく走りだした。営業所に無線で、「ハイ実車、馬返往復」と事もなげに連絡している。当方としては拍子抜けである。

下り専用の「第一いろは坂」は、正に羊腸で、急勾配と急カーブの連続である。勾配だけならばラックレールで処理できそうだが、急カーブではラックの歯車が噛みそこねて、はずれそうだ。私は第一いろは坂の鉄道化を断念した。これが第一の断念で、つぎに第二の断念がくる。

馬返から第二いろは坂に入って引き返す。

バスでノンストップで通るのと、自由に車を停めることのできるタクシーとでは、おなじ道でも印象がちがう。バスで登ったときは、これなら鉄道への転換は容易だなと、勾配やカーブにばかり関心があって、窓外をゆっくり眺める機会がなかったのだが、タクシーを停めて瞰望《かんぼう》するうちに、迷いが生じてきた。

二本の「いろは坂」道路は、中禅寺湖から華厳滝を経て馬返へと下る大谷川の峡谷の両側の急斜面に敷設されている。スリバチの片半面のような地形で、なかなか雄大である。が、それだけでは、さしたる景観ではない。そこに曲りくねった二本の道路があることによって、この険しい地形が際立ち、自然と人工との合作の景観を形成しているのだ。その主役は「いろは坂」道路と言ってよいほどである。何がなんでも道をつけるのだぞ、という気概が迫ってきて、それが見るものの胸を打つ。

これには弱った。そんなはずではなかったのだが、私はいろは坂の鉄道化を断念することにした。これで中禅寺温泉の旅館街との闘争を回避できる、との易《やす》きにつく打算もあった。

初志はもろくも挫折《ざせつ》したが、くじけてはいけない。私たちは中禅寺湖畔の食堂で、「湯葉そば」という値段のわりにはおいしくないソバを食べてから、中禅寺温泉を起点とする「奥日光鉄道」の実現を目ざした。

中禅寺地区は旅館などが建てこんでいるので、駅は裏手に設け、旅館街の裏側を走るようにする。国道120号線も旅館の立ち並ぶ二荒山《ふたらさん》神社までは温存する。

二荒山神社を過ぎてからは、わが夢の鉄道の独壇場《どくだんじょう》になる。国道は廃止。樹間を通して見る中禅寺湖の美しさ――。菖蒲《しょうぶ》ヶ浜から竜頭滝《りゅうずのたき》へかかるあたり、国道を離れて独自のレールを敷きたくなるが、お金がかかるので、国道跡を利用する。そして、竜頭滝の上と下に駅を設けるとしよう。

かような夢を抱きながら、じつはタクシーで走っているのだが、竜頭滝を過ぎると湿原の戦場ヶ原が広がる。ここは道路も鉄道も似合わない。何もないままにしたいところである。

だが、この先に湯元温泉があり、周辺には光徳牧場や開拓村がある。それへの交通手段は必要だろう。私は鉄道のほうが自然破壊の度合いが少ないからという理由、というよりは鉄道が好きだから、鉄道で湯元温泉へ向う車窓を夢見ている。光徳入口と光徳牧場の間は電気自動車の運行を許すとしよう。

なお、電車の乗降口はホームを低くするためにドアの内側にステップをつけてある。戦場ヶ原の景観を損じたくないとの黒岩さんの配慮である。絵にご注意を。

湯元温泉に近づくと、急勾配がある。湯ノ湖から流れ落ちる「湯滝」の脇を登るところである。

滝を見下ろそうと車を停めると、崖下に墜落した乗用車の残骸《ざんがい》があった。「鉄道だけにすれば、こんな事故もなくなりますよね」と私は児玉嬢に言った。彼女は納得したようであった。

志賀高原鉄道・草津白根《しらね》線／奥志賀線

「夢の山岳鉄道」と題して連載しているけれど、「夢」と称するには夢に乏しく、既存の観光道路をつぶして単線鉄道に転換しようという案ばかりであった。

排気ガスをまき散らすクルマを締めだし、道幅の半分を自然に戻そうとの意図は、大いに評価すべきことだと自分では思っているが、毎回、既設の観光道路をトレースするだけでは、ものたりない。

本当を言うと私は、日本の山々に好き勝手に山岳鉄道を敷設したいのである。富士山の頂上まで登る鉄道、上高地から北アルプスの峰々を縦走して黒部峡谷へ下る鉄道などをつくってみたいのである。現在の技術をもってすれば可能だろうし、採算もとれるだろう。しかし、いまや、そんなことを考えるべき時代ではない。夢であっても許されない。だから、じっと我慢して、「自然保護」に賛同・迎合しつつ、観光道路を鉄道に転換するとの案に終始してきた。

ところが、「夢」を語ってよい事情が発生した。今回の「志賀高原鉄道」の二線のうち、「草津白根線」は従来の観光道路つぶしであるが、「奥志賀線」のほうは、道路とはまったく無関係な、このシリーズ初の、本当の新線なのである。

その理由については、あとで述べる。もったいぶるわけではない。あとで述べざるをえないお粗末な事情なので。

連休の混雑が過ぎるのを待って、五月六日（一九九二年）水曜日、上野発10時09分発の新特急「草津号」に乗る。

この時点での私の心づもりは上信越高原国立公園の「志賀草津道路」（草津—上林《かんばやし》。四一・五キロ）を鉄道に転換しようという、従来の型を出るものではなかった。

上越線の渋川から吾妻《あがつま》線に入って、長野原草津口着12時36分。すぐ接続する草津温泉経由白根火山行のＪＲバスに乗る。連休は終ったのに客は多く、空席はほとんどなかった。

三〇分たらずで草津の大きなバスターミナルに着いた。客の大半が下車し、あらたに乗る客は少なく、バスはガラ空きになった。ここからの「志賀草津道路」はマイカーや貸切バスが主役で、路線バスの利用客は少ないようだ。この傾向は全国共通のように思われる。

わが「志賀高原鉄道」の起点は草津であるが、駅をどこに設けるかが厄介である。バスターミナルを起点とするのが最上だが、これだと草津の家並の密集した地区を通り抜けねばならない。

それで草津町の中心の湯畑の北側の台地の上に起点駅を設置することにした。宿泊客にとっては便利だが、バスから乗りつぐ客には不便、という位置である。標高は一一七〇メートル。

草津から一・二キロの新線を建設し、天狗平《てんぐだいら》で国道と接続する。ここは駐車場用地が確保できそうである。バスはここまで乗り入れてよい。鉄道の車両基地も天狗平に設ける。

天狗平からは志賀草津道路の転用区間になる。これから標高二一五二メートルの渋峠（群馬・長野の県境）まで登り、志賀高原へ下ることになる。現在の道幅は七・八メートルあるが、鉄道の路盤は三・五メートルでよいだろう。その差の部分を自然に戻し、木や草を植える。標高一四〇〇メートルあたりまではカラマツが多い。それを切り倒して道をつくったにちがいないので、復原部分にはカラマツの苗を植えよう。育ちのよい木なので、一〇年で枝を電車の上にひろげるようになるだろう。

登るにつれて眺望がひらける。スキーのリフトが何本も見えがくれする。

このリフトは、シーズンになれば客が長い列をつくる。わが志賀高原鉄道・草津白根線にはスキーを積むための小さな無蓋《むがい》貨車を連結し、客は暖かい車内、スキーは貨車という方式にしたいと考える。

冬でも運転するつもりか、と思う人もいるだろう。志賀草津道路は冬期の五ヵ月は草津―白根火山―渋峠―熊《くま》ノ湯《ゆ》間が積雪のために閉鎖される。全線の三分の二にあたる区間が通行不能となるわけだ。

これに関して、ひとこと言わしていただきたい。

毎年、四月になると、各地の山岳観光道路の「開通」が伝えられ、雪の壁のあいだを行く観光バスなどが放映される。志賀草津道路も、その一つである。

だが、鉄道ファンたる私としては「開通」という用語にこだわる。鉄道は、いったん「開通」したならば年中無休で運転するものである。雪の冬は休むというがごとき、だらしないことは許されない。豪雪地帯の飯山《いいやま》線（長野県・新潟県）、只見《ただみ》線（福島県・新潟県）、米坂《よねさか》線（山形県・新潟県）、深名《しんめい》線（北海道）だって冬も走りつづける。春になるたびに毎年「開通」するようなだらしない観光道路とはちがうのだ。

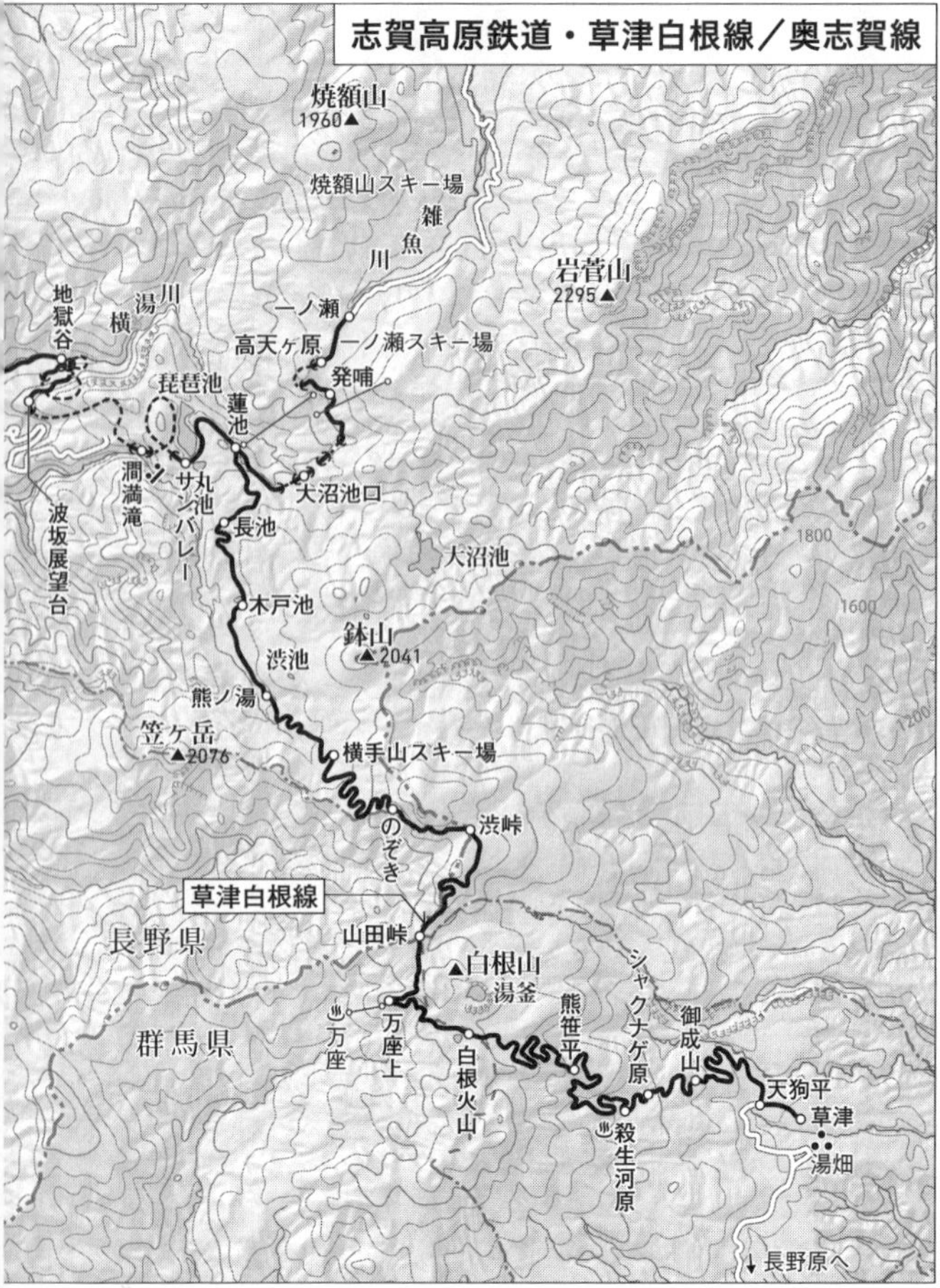

志賀高原鉄道・草津白根線／奥志賀線
焼額山
1960
焼額山スキー場
雑魚川
岩菅山
2295
地獄谷
横湯川
一ノ瀬
高天ヶ原
一ノ瀬スキー場
発哺
琵琶池
蓮池
潤満滝
サンバレー
丸池
大沼池口
波坂展望台
長池
大沼池
1800
1600
木戸池
鉢山
2041
渋池
熊ノ湯
1200
笠ヶ岳
2076
横手山スキー場
のぞき
渋峠
草津白根線
山田峠
長野県
白根山
湯釜
シャクナゲ原
群馬県
万座
万座上
白根火山
熊笹平
御成山
天狗平
草津
殺生河原
湯畑
長野原へ

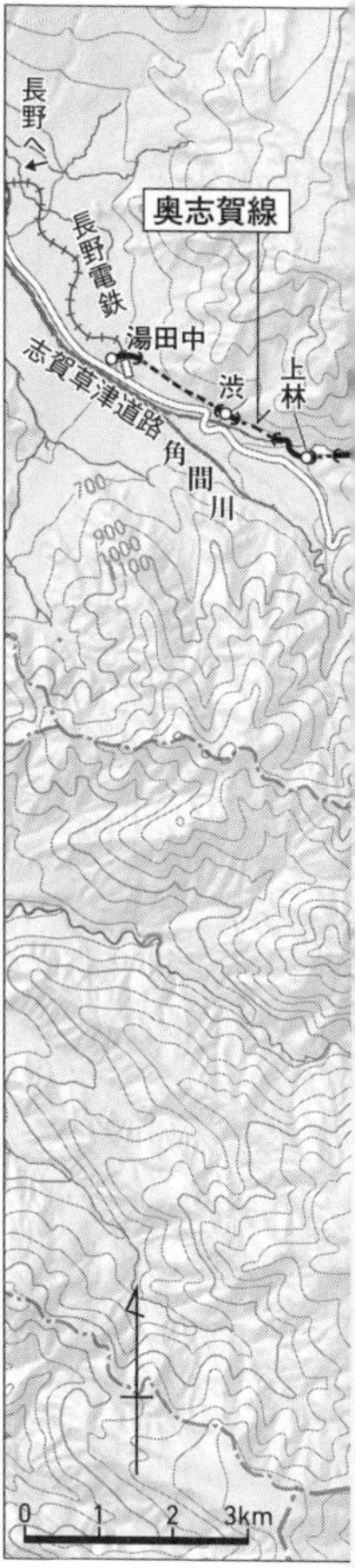

鉄のレールと鉄の車輪による鉄道は、ゴムタイヤで平面を走るクルマより格段に雪や凍結に強いのである。

しかし、一夜にして一メートルもの積雪があるようでは除雪車を配備しなければならぬ。冬期はその費用を加算した特別運賃にしよう。

道はつづら折りの登りである。勾配は八〇パーミル以上はないようで、ラックレールなしで登れそうだ。ただし、急カーブの箇所は若干の手直しが必要であろう。

カラマツの林を抜けると、樹々の丈が低くなって、シャクナゲの群生地になる。そして、硫化水素のガスが鼻をつく殺生河原《せっしょうがわら》を過ぎると、熊笹の斜面に変る。登るにつれて植生が変っていくのがよくわかる。

13時36分、バスは時刻表どおりに「白根火山」に着いた。すぐ近くに噴火口跡の

「湯釜《ゆがま》」や白根山頂があるので、駅名にいつわりはない。
あたりは残雪が堆《うずたか》い。一昨日は吹雪で道路が不通になったという。

きょうは爽やかで穏やかな日で、草津町営のレストハウスでコーヒーを飲んでいると、店のおばさんが、「お客さんは運がいいですよ」と言う。嬉しくなって残雪を踏みながら、あたりを散歩する。日ざしは強くて心地よいが、標高二〇一〇メートルだから寒い。私は風邪をひいた。

白根火山発14時45分の長野電鉄のバスに乗る。団体用のバスやマイカーは頻繁《ひんぱん》に走っているが、この路線バスの客は数人であった。

まもなく万座温泉へと下る道が分岐する。この道は志賀草津道路の鉄道への転用による被害者である。可哀そうだが、「万座支線」を敷設するのは金がかかるので、スッキリと廃止して、自然に帰っていただく。そのかわり、万座温泉と草津白根線とをロープウェイで結ぶことにする。

このあたりからが志賀草津道路のハイライトである。風が強いので避難小屋のある山田峠から渋峠に至る県境の尾根を行く区間は「風衝低木林」地帯で、白骨が群れるような枯木の林立だ。この区間の冬の気象のすさまじさが察せられる。

白根火山―山田峠―渋峠（五・七キロ）は、スキー場がなく、除雪しても雪の壁で視界を閉ざされるので、鉄道としては本邦唯一《ゆいいつ》の冬期運休区間とし、草津側と志賀高原側とで折返し運転をしたほうがよいかもしれない。

渋峠からは下りになり、眺望が東から西に変る。妙高《みょうこう》、黒姫、その向うには白馬《しろうま》などの峰々がつらなっている。

熊ノ湯は道路より離れた低いところにあるが、わが鉄道は熊ノ湯に立寄るように敷設する。

小さな池や湿原、シラカバの林がつぎつぎに現れてくる。志賀草津道路は変化に富んだすばらしいルートだ。

白根火山から四五分で蓮池《はすいけ》に着いた。蓮池は志賀高原の中心で、発哺《ほっぽ》、一ノ瀬、焼《やけ》額山《びたいやま》方面への「奥志賀林道」の起点である。

ビル旅館が多い。隣接する丸池地区は、もっと多く、スキー市街を形成している。しかも、奥志賀林道の一ノ瀬や焼額山には大規模なスキー場が開発されている。

蓮池でバスを乗りかえ、上林の先の湯田中《ゆだなか》へと下るうちに、私は気持が暗くなってきた。

三車線の区間が随所にある。交通量が多いからであろう。急カーブが多く、起伏もはげしく、八〇パーミルを越えると思われる箇所もある。湯田中—蓮池間は、草津側とちがって戦前からの道路を改修したものである。つまり、鉄道に転換する場合、複線化や路線の一部変更などを想定せねばならぬ、ということである。

私は、蓮池—湯田中間の鉄道化を、なかば諦め、その夜は湯田中に隣接する渋温泉に投宿した。狭い路地に宿と共同浴場がひしめく昔ながらの温泉場で、驚いたことに、現在は建築も営業も許可されぬ木造三階建ての古風な旅館が多い。四階建てさえあった。

編集部が予約しておいてくれたのは、「御宿ひしや寅藏《とらぞう》」で、玄関の脇に「佐久間象山先生御泊りの宿」の碑が立っている。入口は旅籠《はたご》屋のようだが、奥行きがあり、露天風呂もある。私の部屋は三階。

宿の主人に、木造三階建ての営業についてたずねてみる。「渋温泉は、こういうかたちで昔からやってまいりましたので、特例として認められております」とのこと。

そんな話のついでに私の今回の旅の「目的」を自嘲《じちょう》的にしゃべると、主人は言った。

「長野オリンピックのために、ここから蓮池までの道路と奥志賀林道を三車線に拡張する計画です」

一ノ瀬や焼額山が回転競技の会場になるのだそうだ。ありゃりゃ、と思う。その程度のことは、予備知識として仕入れておくべきであった。

私は既設の観光道路をつぶすことだけを考えてきた。あらたな山岳道路の建設や拡張などはほとんど不可の時代になったという背景もある。

　だが、さすがはオリンピックで、自然破壊もなんのその、道路の拡張がまかり通るのである。平地の道路の場合と山岳道路とでは事情がちがう。山側を削り、谷側に高い築堤をつくるなど、莫大

草津白根線／駅名表

駅間勾配(‰)	標高(メートル)	キロ程	駅　名
	1170	0.0	草津
6	1245	1.2	天狗平
56	1420	4.3	御成山
63	1515	5.8	シャクナゲ原
40	1555	6.8	殺生河原
69	1790	10.2	熊笹平
59	2010	13.9	白根火山
3	2005	15.6	万座上
29	2048	17.1	山田峠
42*	2152	19.6	渋峠
58	2060	21.2	のぞき
64	1830	24.8	横手山スキー場
64	1670	27.3	熊ノ湯
27	1630	28.8	木戸池
19	1590	30.9	長池
62	1485	32.9	蓮池

＊最高地点は2172メートル、最大勾配は約70‰

な建設費がかかるはずである。

　そんな金があるのなら、鉄道の建設にまわしてもらいたい。道路は現在のままとし、単線鉄道一本を別途に敷設するほうが有利ではないか。たぶん、道路の拡張より鉄道新線のほうが建設費が安くなると愚考するけれど、誰も本気で計算してくれないだろうから、なんとも言えない。

　長野オリンピックまでは、あと六年もある。その気になれば鉄道新線の建設は夢物語ではない。

　私は元気になり、翌日はタクシーを奮発して実地踏査に出かけた。といっても志賀草津道路と奥志賀林道を走るほかなかったのだが。

奥志賀線／駅名表

駅間勾配(‰)	標高(メートル)	キロ程	駅　名
	600	0.0	湯田中
44			
	675	1.7	渋
58			
	750	3.0	上林
50			
	835	4.7	地獄谷
63			
	1030	7.8	波坂展望台
73			
	1220	10.4	潤満滝
69			
	1400	13.0	サンバレー
57			
	1485	14.5	蓮池
28			
	1530	16.1	大沼池口
50			
	1620	17.9	発哺
35			
	1665	19.2	高天ヶ原
35			
	1630	20.2	一ノ瀬

　これからが「夢」である。

一九九八年一月×日。長野オリンピック開幕の直前に「志賀高原鉄道・奥志賀線」

は、やっとのおもいで開通した。

湯田中駅でのテープ・カット。最大の功労者たる私が占めるべき中央の位置は長野県知事と長野市長。よぼよぼ爺《じじい》になった私は、片隅でテープの切れっぱしを握りながら涙を流している。

祝賀列車は発車すると、すぐトンネルに入る。ここは温泉源の地域なので、「湯が涸《か》れる」と反対運動があった。

トンネルを出て渋駅、またトンネル。それを出ると横湯川を渡り、上林駅。主要な温泉には立寄るように配慮したつもりである。

上林からは横湯川の南岸を遡り、地獄谷駅に達する。サルが温泉につかるので有名なところである。そこへ鉄道を敷きこんだのは私のサービスだが、サルを驚かしてはいけないので、徒歩五分ぐらいの手前でトンネルに入ることにした。

そこからはトンネル内のS字カーブとループ線になる。ただし、トンネルばかりでなく、いま通ってきた線路を二本も見えるように配慮した。これは日本で唯一の眺望である。

ループ線を抜けると波坂展望台駅である。風光絶佳のこの地点に駅を設けるためには苦心した。上下の列車の交換をかね、五分停車とする。

ここから本線最長の波坂トンネル（二五〇〇メートル）に入る。

五分ほどで潤満滝《かんまんのたき》駅。志賀高原最大の滝を見るための駅だが、雪崩《なだれ》がこわいので、雪覆《ゆきおおい》のなかの駅にした。ここでも五分ほど観光停車をする。

ふたたびトンネルに入り、ループ線で登り、琵琶池の湖畔を走るように工夫して、蓮池に着いた。従来の道路より格段に面白いルートであることは、おわかりいただけたと思う。

蓮池からの奥志賀林道は、深く切れこんだ谷を巻く紆余《うよ》曲折の道である。これを三車線にするのは大工事だ。鉄道建設も楽ではないが、単線だからトンネルをぜいたくに掘っても道路の拡張費とさして変らないだろう。距離は短縮できるし、雪崩の心配も少ない。

高天ヶ原《たかまがはら》の分水界を過ぎると地形がおだやかになる。

私は鉄道の終点を一ノ瀬にした。ここから先は交通量が減り、勾配もゆるやかになるので電気マイクロバスに活躍してもらう。マイカーが入りこめないから、現在の二車線道路で十分だろう。

蔵《ざ》王《おう》鉄道

六月四日（一九九二年）木曜日、東京発8時48分の「やまびこ」で編集部の児玉嬢とともに北へ向う。

きょうは晴れである。けれども、青く清らかな山容を見せてくれるはずの安達太良《あだたら》山も吾妻《あづま》山も霞《かす》んでいる。まもなく梅雨だ。

福島で各駅停車の「あおば」に乗りかえ、白石蔵王着10時42分。駅前には「蔵王刈《かっ》田《た》山頂」行のバスが待っている。

城下町で「温麵《うーめん》」（油を混入しないソーメン）が名物の白石の家並を抜け、モモやナシの果樹畑のなかを走るうちに、ゆるやかな登り坂になり、遠刈田《とおがった》温泉に着いた。このコケシは眼が三日月型で、嬉しそうに笑っているのが特長だ。

遠刈田から五分、青根温泉への道を見送って左折すると赤い鳥居をくぐり、山道にかかる。蔵王エコーラインへの接続道路で、ここから先に集落はない。遠刈田で大半の客が下車したのでバスの客は観光客らしい六人と私たちだけである。これは「観光道路をつぶして鉄道へ」の第一条件である。

ただし、この道は宮城県南部と山形県南部とを結んでいるので、観光以外の機能をはたしているかもしれない。トラックが頻繁に通行するようであれば、鉄道への転換を躊躇せざるをえない。トラックは、消防車や救急車を別格とすれば、道路利用の最優先順位をあたえられるべきだろう。蔵王エコーラインをトラックが活用することはなさそうに思われるけれど、いちおう念頭におかねばならぬ。

山道にかかった道は、S字カーブを描き、馬の背のような狭い尾根を上って行く。尾根の北側を流れるのは濁川《にごりがわ》、南側は澄川《すみかわ》である。濁川は蔵王の火口を源流とするので濁っており、澄川は火口の外側から流れ下るので澄んでいるのだが、いずれも深い谷を刻んでいる。

二つの谷を右に左に見下ろしながら急カーブで登るうちに、バスは路傍に停車した。澄川の対岸の「三階滝」が見えるところで、嬉しいサービス停車である。しかし、いまはシーズンオフだから、こんな贅沢ができるが、多客期には車の渋滞に拍車をかけるので無理だろう。

できることなら、青根温泉の分岐点を「蔵王鉄道」の起点とし、この景勝の地に自由に観光停車できるような線路を敷きたいのだが、断念せざるをえない。まっすぐ登るには勾配が急であり、道路を利用すればカーブがキツすぎ、ループ線にしようとすれば濁川、澄川の両方の谷の上に大きく張り出す大工事になり、お金はかかるし、景観も破壊する。なにしろ、濁川と澄川のあいだは五〇〇メートルそこそこで、しかも両岸は高くきり立っているのだ。手のつけにくい区間である。

私は本気で、そういうことを考えながらバスに乗っているのである。大方の読者はお笑いになるだろうが、もし同志がいらっしゃれば、二万五千分の一の地図の「遠刈田」を買って「滝見台」とある付近の道路と地形をご覧になってほしい。

滝見台を過ぎると、渇川と澄川の間隔が広がり、ゆるやかな傾斜の樹林帯になって、「蔵王エコーライン」の入口に着く。

十分な駐車場用地がある。ここを「蔵王鉄道」の起点とし、駅名は「蔵王口」とする。芸のない駅名だが、いちおうそうする。

もちろん、これより先のエコーライン道路は廃絶となる。観光団体バス会社やマイカー族は、

「山形県側の蔵王温泉や上山《かみのやま》温泉への通り抜けはできないのか。なんたることをする

のか」

と怒るだろう。これにたいし、私は平然と答える。

「幅の広い観光道路をつくって自然を破壊し、その上を排気ガスをまき散らして走行するのは罪悪ですよ。頭をきりかえなさい」

これだけは自信をもって言えるが、柄《がら》にもなく居丈高《いたけだか》になってしまった。

とにかく、ここを蔵王鉄道の起点、「蔵王口」とする。車両基地を設け、除雪用のラッセル車も配備する。現在の蔵王エコーラインは、冬期はスキー場までの区間を除いて閉鎖されるが、わが蔵王鉄道は年中無休、風雪の厳冬期でも運転するのだ。それは鉄のレールの効用である。

なお、「蔵王口」から北へ分れて濁川の谷

底の一軒宿へと下る道がある。この道はマイクロバスの運行を認めるとしよう。運輸省の役人のような言いかたになるが。

さて、いよいよ「蔵王鉄道」となる。小柄で形よい電車は夢のなかで走りはじめる。時は厳冬期。まもなく林立する樹氷が車窓から眺められるはずである――。

だが、そこへ到る鉄道の設計は、なまやさしくない。いきなりジグザグのS字カーブの連続にいどまなければならないのだ。

これまでの私は、観光道路の

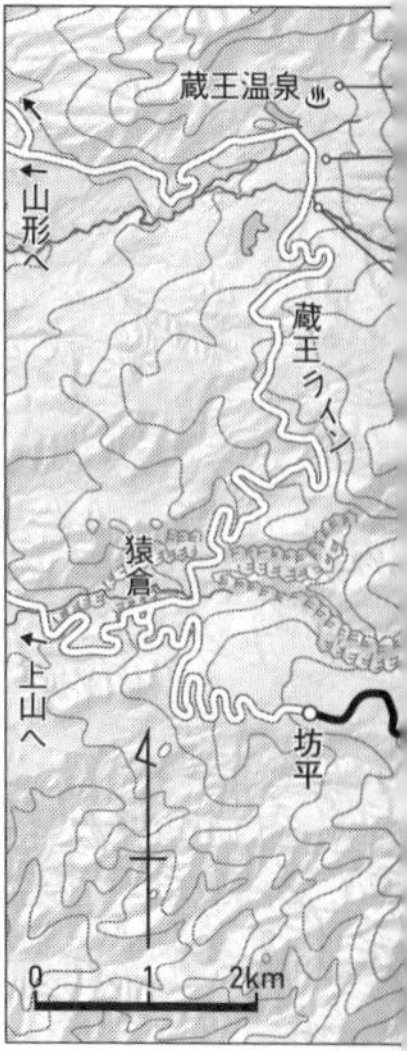

鉄道への転用にあたって、できるだけ建設費を節約すべく、既設の道路の路盤を活用しようと努力してきた。曲線半径一五メートルという鉄道には無理な急カーブでも若干の改造をほどこせば鉄道車両が通れるはずという、専門家に笑われるようなことを書いてきた。

今回は道路の利用ばかり考えるのはやめにし、贅沢をしようと思う。技術面で笑われることはなくなるが、ぼう大な建設費の金利で経営を圧迫しそうだ。前門の虎《とら》・後門の狼《おおかみ》だけれど、道路に縛られずに線路を敷くほうが楽しい。もちろん、不用になった道路（エコーライン）は、もとの自然に復原する。

つづら折りの道路にさしかかると、夢の列車はトンネルに入り、直進する。道路との高低差はひろがるが、ループ線でひと回りして、その差をつめ、地上に出て「エコーロッジ」駅に停車する。この間の勾配は七〇パーミルぐらいだから、ラックレールなしで上れる。

その先も道路はつづら折りだが、広い熔岩台地になるのでトンネルやループ線はつくらず、大らかなS字カーブで登って行く。別掲の地図はゴチャゴチャしていてお判《わか》りにくいと思うが、そういうルートなのである。

標高一二四五メートルの蔵王寺駅に着いた。蔵王山が修験者《しゅげんしゃ》の霊場であった時代を偲ばせる堂がある。

蔵王寺付近からは熔岩台地の「賽《さい》ノ磧《かわら》」で、火山礫《れき》と熔岩と丈の低いハイマツが点在するだけの荒涼とした風景のなかを行く。ここは急カーブがないので、エコーラインを活用する。現在の六メートルの道幅を三メートルに狭めることになるが、舗装をはがした跡は、火山礫を拾ってきて並べるとするか。

まもなく「駒草平《こまくさだいら》」。その名は優しいが、コマクサは小さな高山植物で、火山礫や熔岩のあいだにチョボチョボと生えているだけだから、荒涼とした景観に変りはない。

近くには濁川にかかる不帰滝《かえらずのたき》がある。私は見たことがないし、今回もバスに乗っているので見ずに通過してしまうが、「泥《どろ》絵具で彩色したような無気味な岩肌を嚙みながら一気に落瀑《らくばく》している」(『郷土資料事典・宮城県』人文社)という滝らしい。蔵王鉄道のルートをすこし迂回させて、濁川と滝を見下ろす崖の上を通るようにしたいとも思うが、とりあえず駒草平駅から遊歩道(約五分)を設けることにして先へ進む。

ふたたび道がジグザグになる。蔵王鉄道は道路を無視し、大きなカーブで登って行く。展望がひらける。

路傍に小さな大黒天が鎮座している。ここに駅を設ける。風雪に堪えてきた大黒さんは愛らしいので無視したくない。上下列車すれちがいのための信号場にしよう。標高は一四六〇メートル。残雪が見えはじめた。

大黒天からは勾配がゆるやかになってくる。蔵王山頂の南側の緩斜面である。だが、樹木の姿は、厳しい様相を示してくる。アオモリトドマツが地にひれ伏し、あるいは身をすくめるようにしている。西側には枝のない片割れみたいなのもある。厳冬期の日本海からの烈風を偲ばせる。冬は交通が途絶するので、ようすはわからないが、樹氷が林立するにちがいない。

わが蔵王鉄道は冬期も運休せず、自然の猛威と樹氷の美に接していただく所存だが、そのためには風雪対策は十分になさねばならない。「吹雪のため運休」にしたくない。風よけ、雪覆の設置、架線の強化、除雪車の配備、そして、車両も瞬間風速五〇メートルに堪えるような設計にしなければならない。停電で列車がエンコし、暖房が止まっても乗客が凍死しないように、プロパンガスのヒーターを備えておかねばなるまい。お金のかかることばかりだから、厳冬期は割増運賃にし、この期間は「樹氷列車」と呼ぶことにする。運賃は高くても大いに人気を博し、八両編成の列車を一五分間隔で運転しても乗りきれない客がでるだろうと私は皮算用している。

現実に戻るとして、私たちのバス。標高一五九〇メートルまで登りつめたところで「蔵王エコーライン」から右に分れて「蔵王ハイライン」（宮城交通所有・有料道路）に入り、刈田岳を目指す。

この区間の道路の周辺は無惨である。風雪が道路の滑面で加速されて、あたりの草木を吹き倒し、枯死させたのか、あるいは道路が水を絶ったのか、あたりは礫《こいし》だけの不毛地と化している。道路がいかに自然を破壊するか、そのサンプルのようなところだ。この蔵王ハイラインはわずか二・五キロだが、紅葉シーズンの休日などは車が渋滞し、一時間もかかるそうだから排気ガスの被害もあるのだろう。

終点は刈田岳山頂のすぐ下で、「刈田岳」というバス停名に偽りはないが、造成された駐車場の広いこと！　山頂近くに何百台ものマイカーを収容する駐車場をつくるとは、ひどい話だ。コンクリート二階建のレストハウスも目障りだ。観光開発の罪悪の典型、と言いたくなる。

バスやマイカーをおりて二、三分歩けば蔵王のシンボルの火口湖「御釜《おかま》」を見下ろせるという便利さの代償はひどすぎる。

と、大いに腹を立てるのだが、蔵王ハイラインが開通したのは昭和三九年で（蔵王エコーラインは昭和三七年の開通）、自然破壊への配慮のない時代だった。私も、いつだったか忘れたが、二〇年ぐらい前にこの道路の観光バスに乗り、神秘的な「御釜」を見下ろして「ありがたい世の中になったものだ」と喜び、自然破壊の問題に思いが及ばなかった。だから大きな口はきけない。

けれども、反省をこめて眺めるに、蔵王ハイラインの現状は、きわめて悪い。これらは全廃し、道路も駐車場もレストハウスも撤去して、もとの自然に戻したい。

蔵王ハイラインをとりつぶしたあとの処理については、いくつかの選択がある。

①蔵王鉄道を「刈田岳」まで乗り入れる。

②ロープウェイでつなぐ。

③遊歩道を歩く。

歩くのがいちばんよいが、ご老人にも御釜を見てほしい。で、私は②案を採用する

刈田岳ロープウェイ／駅名表

標高（メートル）	キロ程	駅　名
1600	0.0	樹氷台
1745	0.6	刈田岳

御釜ロープウェイ／駅名表

標高（メートル）	キロ程	駅　名
1595	0.0	蔵王高原
1740	0.8	御釜

ことにした。ロープウェイは風に弱いので、この区間は冬期運休にする。烈風吹きすさぶ尾根までお客を運び上げて、その身の安全を保障する自信はない。乗客はロープウェイとの接続駅「樹氷台」あたりの景観で十分に満足していただけると思う。

樹氷台からはエコーライン利用にさしたる問題区間はない。地図の等高線を大らかになぞるような道である。

このあたりが太平洋側と日本海側との分水界で、これまで東のほうへ開けていた眺望が西方へと移る。視界がよければ飯豊《いいで》、朝日の連山の向うに日本海が望まれるというが、きょうは霞んでいて見えない。

見えたところで、どうということもないからかまわないが、日本海側の烈風の斜面にさしかかったからであろう、アオモリトドマツの匍いつくばりかたや、枝の千切れかたは、一段と厳しいものになった。

厳冬期にここに鉄道を走らせるための施設と技術、そして運輸省の許可を得るには、いくつもの苦労がありそうだが、それらの障害を乗りこえて冬期運転が可能になれば、わが蔵王鉄道は大人気を博し、黒字を計上するだろう。得意満面で社長の私が株主総会の席につくか、脱線転覆事故の責任を負って福島地方裁判所の被告席につくか、運命は分れるだろうけれど。

樹氷台から一・四キロ地点に「蔵王高原」という駅を設ける。ここには半地下のレストハウスをつくる。そして、「御釜」を真下に見下ろす尾根へのロープウェイの起点とする。刈田岳へのロープウェイと競合するが、一本では不足だろう。

蔵王鉄道（本線）／駅名表

駅間勾配（‰）	標高（メートル）	キロ程	駅　名
	880	0.0	蔵王口
70			
	1105	3.2	エコーロッジ
67			
	1245	5.3	蔵王寺
75			
	1380	7.1	駒草平
67			
	1460	8.3	大黒天
50			
	*1595	11.0	樹氷台
0			
	1595	12.4	蔵王高原
55			
	1440	15.2	ブナ平
41			
	1325	18.0	冷水山
60			
	1145	21.0	坊平スキー場
68			
	1015	22.9	坊平

＊最高地点は1610メートル

「蔵王高原」からのエコーラインは、ゆるやかなカーブで山形県側の坊平《ぼうだいら》へと下って行く。一部の急カーブの区間については若干の経路変更の必要がありそうだが、さしたる問題はない。それより何より、眠たくなってきた。

私は「蔵王鉄道」の終点は蔵王温泉にしたいと考えてやってきたのだが、

眠くなると元気がなくなり、坊平が終点でいいじゃないかと思いはじめていた。

その晩は蔵王温泉に泊った。思いなおして蔵王鉄道の終着駅と駐車場の用地を探したが、斜面の温泉場で、適当な用地は見当らなかった。

菅平《すがだいら》鉄道・根子岳《ねこだけ》ラック線

「自然公園法施行令」という政令があって、国立公園、国定公園などに指定された地域の自然保護のために、さまざまな規制をしている。

それは結構なことだが、輸送機関については、「道路の建設は可、鉄道は不可」であった。もっとこまかく規定してあるが、大ざっぱに言えばそうであった。

広い道幅を要し、排気ガスをまき散らす道路を容認して、細い路盤の上を電気で走る鉄道を認めぬとは何たることか、と私は腹を立てていたが、遅まきながら鉄道の長所が認められ、平成三年七月、「鉄道も可」と政令が改正された。

もとより、自由勝手に鉄道を敷いてよいわけではなく、環境保全にかかわるいろいろな問題を解決していかねばならないのだが、政令の改正を機に、いくつかの山岳鉄道の建設計画が話題にのぼってきた。

今回は、そのひとつ、長野県真田《さなだ》町の菅平の登山鉄道計画を紹介しようと思う。

菅平高原は雪質のよいスキー場として古くから有名であり、夏は大学のラグビー部の合宿で賑わう。ゴルフ場や牧場、別荘地もある。高原は、なだらかで雄大な斜面をなし、標高二〇〇〇メートルを越える根子岳、四阿山《あずまやさん》へとつづいている。

狭い日本にしては胸がひろびろとするような別天地である。リゾート地としては絶好のところだ。首都圏からも遠くない。

だが、菅平高原の人気は、いまひとつパッとしない。温泉その他の観光の目玉となるものがないからだろうか。

真田町は菅平を活性化すべく、長期滞在型のリゾート開発計画「自由時間都市構想」を打ちだした。その構想の核となるのが「鉄道」である。

鉄道計画の作成にあたって真田町はその方面の専門家たちに立案を依頼した。需要予測をはじめ、雪や急勾配など、いろいろな技術面での問題がある。

某日、川鉄商事の小山柾《こやままさき》氏と鈴木裕《ゆたか》氏を訪ねた。

こまかい話は、あとで触れるが、

「日本は技術の面でも先進大国になりましたが、山岳鉄道については、やはりスイスに学ぶことが多いです。今回の計画ではスイスの鉄道車両メーカーとの技術提携や車両輸入を考えています」

と、小山さんは言った。

いろいろな資料を頂載して家に帰り、路線図、詳細な勾配・曲線図、路盤の断面図などを見る。利用客数の皮算用もあり、スキー客の賑わいが予測される区間は、山岳鉄道には稀《まれ》な「複線」になっている。

それらに見入り読みふけったあと、二万五千分の一の地図に予定路線を赤ペンで記入する。こういう作業は楽しい。性《しょう》に合っている。


翌七月二日（一九九二年）木曜日、上野発9時00分の特急「あさま」で菅平へ向う。いつものように編集部の児玉嬢がいっしょである。

上田着11時24分。菅平へはバスが通じているが、運転本数が少なくて一時間半も待たねばならない。私たちはタクシーに乗った。いまは梅雨の季節だが、きょうは薄曇りで雨に降られる心配はなさそうである。できるだけ早く菅平に着いて根子岳への計画路線を歩いておきたかった。

車は国道114号線を北へ走り、上田盆地から山間へと入りかけると真田の集落がある。戦国末期に活躍した真田幸村《ゆきむら》一族発祥の地で、戦前の少年講談に胸躍らせた世代にとっては猿飛《さるとび》佐助など「真田十勇士」は忘れがたい。右方の山のなかに真田城

（松尾城）跡の石垣が残っているそうだが、きょうは寄り道をするわけにはいかない。

それから、もうひとつ気にかかることがある。廃線になった鉄道の跡である。

かつては上田から真田まで一二・八キロを上田電鉄の電車が走っていた。それが昭和四七年に廃止になった。私は旧国鉄の乗りまくりに心を奪われていたので、このささやかな私鉄路線に乗りそこねた。

せめて廃線跡の残骸や真田駅の跡地を探訪したいが、きょうの日程に組み入れるわけにはいかぬ。

いずれの機会に城跡や廃線跡を訪れようとの思いを残して真田を過ぎる。

地図によると、真田の標高は七七〇メ

ートル。他の地方ならば、このくらいの高さになると山奥の趣になるのだが、真田は平野部のはずれのような感じだ。さすがは山国の信州で、全体が上げ底になっている。ようやく谷が狭まり、登り坂になって菅平口で道が分れ、国道406号線に進入する。標高は、ちょうど一〇〇〇メートル。

菅平口から曲りくねった道をしばらく登ると、右にダムと人造湖（菅平湖）が現れ、まもなく高原と野菜畑が広がった。菅平である。周辺の山肌に何本ものリフトが見える。ラグビー場のゴールのポールがあちこちに立っている。

道がすいていたので上田から四〇分余で着いたが、スキーの季節や夏休みは渋滞するという。

宿は「菅平高原観光ホテル」を予約してある。似たような名のホテルが多いので、ちょっとまごつく。

名は「ホテル」だが、本格的なホテルではない。大半が和室である。

ロビーの横に食堂がある。長いテーブルが数列、折りたたみ椅子《いす》が約四〇〇脚、ぎっしりと並んでいる。これは集団給食所だ。冬、夏のシーズンになれば、ここに若者が肩すり寄せて並び、ハンバーグか何かを猛然と食べるのだろう。これは「合宿ホテル」だ。

だが、それが菅平の良さだろう。山岳鉄道を建設することによって、どう変るか、変えるべきか変えざるべきか、総合的な検討を要すると思われる。

当初の菅平鉄道の計画は大規模なものだった。中央のターミナルから三方に路線が延び、さらに分岐線が二本あって、総延長は二六キロに及んだ。菅平一帯に鉄道をはりめぐらす観があった。

それを一九九八年の長野オリンピックまでに開通させるのだと真田町の夢は大きくふくらんだが、計画が具体的に示されるにつれて、ぼう大な建設費、外部の大企業の参入と地元との競合、鉄道は公害が少ないといっても、つくればそれなりの環境破壊もある等々の問題が、きびしく立ちはだかってきた。さらに「バブル経済」の崩壊という状況も加わった。

そうした事情を勘案して、現在は、もっとも利用者が多いと見込まれる「根子岳線」六・三キロにしぼって計画の具体化をはかっている。

根子岳線の特長としては、つぎの三つがあげられるだろう。

① 長さ三・五キロ、幅約五〇〇メートル、高低差七〇〇メートルという、日本の

他のスキー場に例のない自然の大ゲレンデが滑降可能になる。丈の低いブッシュと草原の大斜面なので、樹林の伐採などの自然破壊をしなくてすむ。しかも、菅平は雪質がよい。

② 終点の「根子テラス」駅は標高は二一四五メートルで、根子岳頂上までの差は、わずか八〇メートル。遊歩道を二〇分ぐらいで山頂に立てる。根子岳からの眺望は三六〇度といわれ、富士山をはじめ北アルプスなど中部山岳の山々を見はるかすことができる。スキーシーズン以外でも観光客や四阿山へ縦走するハイキング客の利用が期待できる。

③ 急勾配なので全線をラックレール鉄道とする。二本のレールの間にもう一本の歯型のレールを敷き、機関車や電車の歯車と噛み合せて登坂力を強めるとともに急坂からすべり落ちる危険を防ぐのがラックレールである。日本でも、かつては碓氷峠で使われ、現在は大井川鉄道の一部にあるが、根子岳線は全線がラックレール路線で、山岳鉄道の経験豊かなスイスから車両やレールを輸入する。鉄道ファンだけでなく、善光寺参りの帰途の善男善女の誘致も期待できる……。

①のスキーについては十分な利用客があるだろう。

②の観光とハイキングは、ほどほどの需要が見込めるが、五月、八月、一〇月は黒

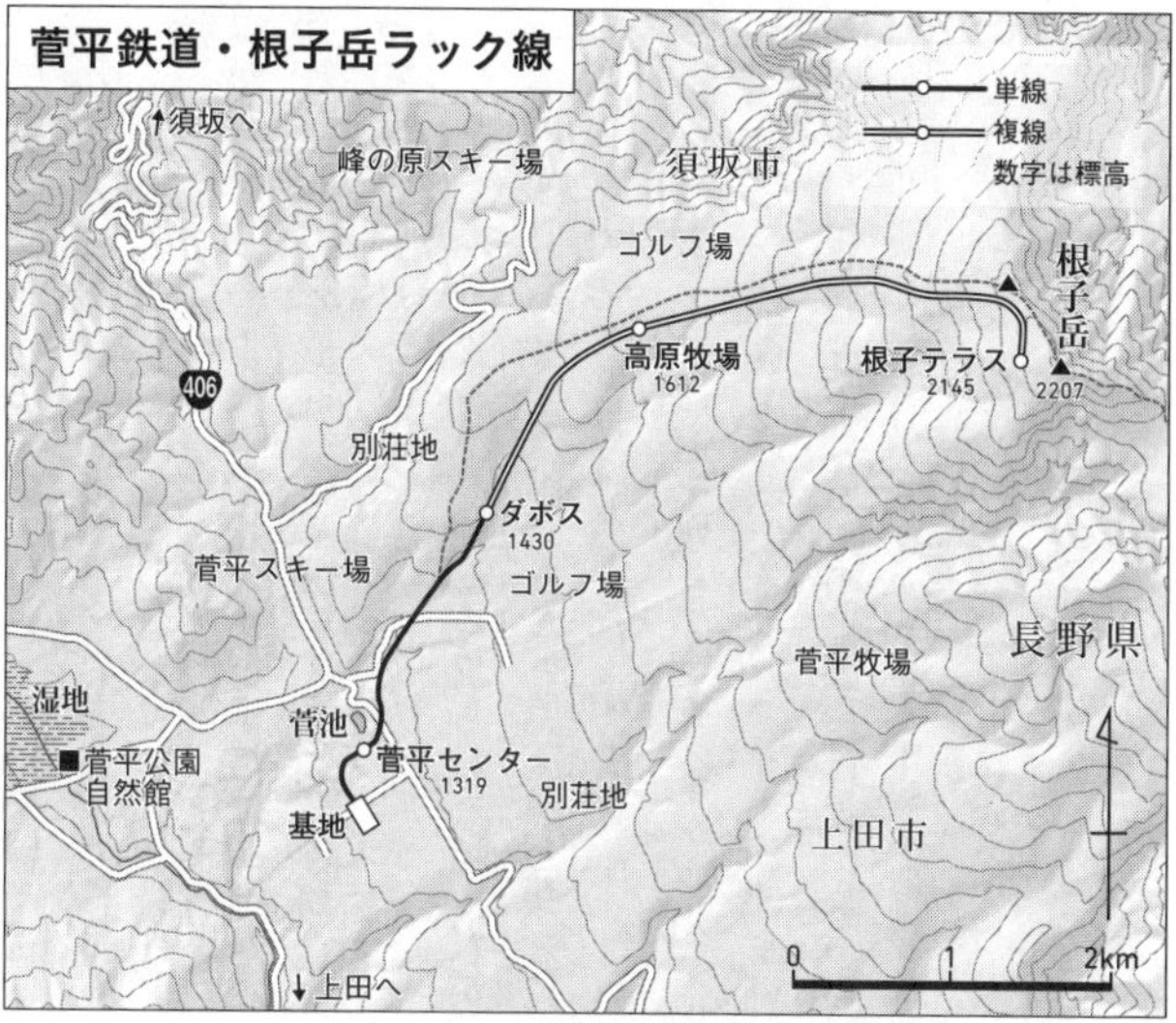

字、他は赤字だろうか。

③の鉄道に乗ること自体の魅力については、近時の傾向より見て大いに期待できる。しかし「スイスにくらべると、景色がだいぶ劣りますなあ」（たしかにそうだが）なんて言い触らされると、人気がしぼんでしまいそうな心配はある。

さて、根子岳線の予定地を探訪するとしよう。

根子岳線の起点となる「菅平センター」駅（標高一三一九メートル）は、このホテルの南五〇〇メートルにある。

できればそこから歩きはじめ、予定路線に近い道をたどり、あるいは道なき道をかき分けて登るのが本筋だが、老男と女子の私たち二人づれにとっては、しんどい。しかも時刻は一二時半。「高原牧場駅」の予定地（標高一六一二メートル）近くにゴルフ場がある。そこまで車で登れば根子岳登山道は近い。地図によると、ここからは登山道と根子岳線の予定路線とがピタリと密着している。まず、そこから上へ根子岳に向って歩いてみたい。

フロントでタクシーを呼んでほしいと頼んだが、シーズンオフなので菅平の営業所に車はないとのこと。困ったなと児玉嬢と顔を見合せていると、ホテルの若奥さんが「私がクルマで送りましょう」と言ってくれた。

車はS字カーブの道を登り、「グリーンゴルフ場」のクラブハウスに着いた。

受付で根子岳登山道へ出るにはどうすればよいかと訊ねる。すぐ近くのはずなのだが、持参の二万五千分の一の地図には登山道への道は記されていない。

私の問いにたいして受付の青年は考えこむ。ゴルフ場と登山道とは至近距離にあっても無縁なのだろう。

しかし、青年は十分に考えこんだあげく、「たぶん、その道を行けば」と教えてくれた。それは、いま車で来た道を戻るという遠まわりで、近道がありそうな気がしたたが、誠実な青年の教示に従うことにした。

すこし迷ったが、ようやく根子岳への登山道に出た。あたりの標高は約一五三〇メートル。草原とブッシュが入りまじる眺めのよい大斜面である。

腰を下ろして上田駅で買った駅弁をひらく。時刻は二時。若くて腹ペコの児玉嬢は弁当を食べるのがここへ来る目的であったかのごとく箸を口へ運んでいる。

登山道を歩きはじめる。

牧場があり、私たちが立ち止まると牛が寄ってくる。その背景は根子岳、四阿山へとつづく天然の大ゲレンデである。道ばたにはレンゲツツジが咲いている。一般のツツジより花ビラの色が淡くて上品だ。

爽やかな高原で、気分はよいが、道は石ころだらけで歩きにくい。登り坂もきつい。川鉄商事で頂戴した資料によると、二五〇パーミルにも及ぶ急勾配が幾箇所もある。もちろんラックレールが必要で、「フォンロール式」を採用

駅名表

駅間勾配(‰)	標高(メートル)	キロ程	駅　名
	1319	0.0	菅平センター
55(111)			
	1430	2.03	ダボス
135(250)			
	1612	3.38	高原牧場
182(250)			
	2145	6.30	根子テラス

＊カッコ内は最大勾配

フォンロール式

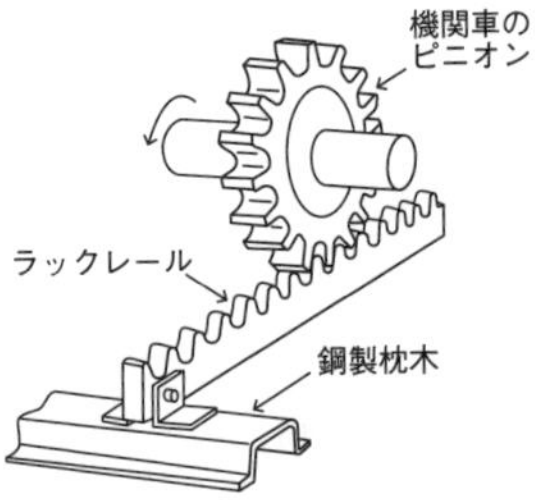

する予定だという。日本ではラックレールといえば「アプト式」だが、フォンロール式は簡便なわりに安全性が高いのだという。

歩きにくい石ころ道を登ると、平坦《へいたん》になって、広い牧場がある。白黒まだらの乳牛がたくさんいる。児玉嬢は鉄道より動物に興味があるようで、牛をおびき寄せては写真をとっている。

ここは駅の予定地で、資料によると「C駅」となっている。C駅では味気ないので私は「高原牧場駅」とした。標高一六一二メートル。

高原牧場駅からは根子岳登山道と鉄道予定路線とがピッタリと寄り添う。

「すぐそこんところを電車が走るのですよ」

と児玉嬢に注意を喚起する。

じっさい、登山電車の姿を想起できぬでもない。その夢を見るために汗水たらして山道を登っているのだ。

電車はスイスのＳＬＭ社（スイス鉄道車両製作所、とでも訳すべきか）製で、両輪のあいだにラックレールと噛み合う歯車をもつ。二両で一編成。二編成四両で運転する場合もあり、一〇編成の輸入を考えているという。フォンロール式のラックレールもＳＬＭ社製を輸入する。

この鉄道で標高二一四五メートルの「根子テラス駅」まで登ったスキーヤーが標高一四三〇メートルの「Ｄ駅」（私の命名では「ダボス」。菅平はスイスの著名なスキー場のダボスと姉妹都市である）まで大滑降するさまを思い描く。後世の人たちがうらやましい。この区間は複線にするというから豪華だ。

が、私たちの前にあるのは石ころだらけの登り道である。

ブッシュのなかのどこにいるのか、「ケンケン」というキジの鳴き声がする。ウグイスも鳴く。

標高一八五〇メートルあたりまで登ると、くたびれた。終点の「根子テラス」まで登るのは無理としても、もうちょっと上まで行きたいと思っていたのだが、私は引き返すことにした。時刻は四時。頭上に雷雲の積乱雲が盛り上ってきた。

奥多摩湖観光鉄道

多摩川の上流の旧小河内《おごうち》村にダムがつくられ、人造湖（奥多摩湖）が出現したのは昭和三二年である。東京都民に水を供給するためであった。

年配の人ならば「都民の水がめ・小河内ダム」ということばを思いだすだろう。そして、世界有数の規模の水道用ダム建設の進捗《しんちょく》状況や水没する村の悲哀の新聞記事を幾度も読んだはずである。

小河内ダム建設の資材運搬のために鉄道が敷かれた。国鉄青梅《おうめ》線の終点氷川《ひかわ》（現在の奥多摩）から先へと深い谷に沿って進む約六キロの区間であった。

わずか六キロだが、これが難工事で、トンネルが二三本（計三三〇〇メートル）、橋が二三箇所（計一一〇〇メートル）に及んだ。「奥多摩」は東京都に属し、都民の日帰りハイキング圏で手軽なところだが、地勢は険しいのである。

小河内ダムの完成によってこの鉄道は役割を終え、廃止になった。しかし、トンネルも橋も切通しも残っている。

この廃線跡を活用して観光鉄道を、という案が浮上してきた。東京都も現地の奥多摩町も熱心だという。「夢の山岳鉄道」なる稿を毎月書いていると、こうした情報が入ってくるし、「現地を見に来られたし」とのお誘いもかかる。

七月二四日（一九九二年）金曜日、立川駅のホームで編集部の児王嬢と落ち合い、8時17分発の奥多摩行の電車に乗る。

座席は無粋なロングシート。しかも、都心への通勤ラッシュの流れとは逆のはずなのに客が多い。この先に工場などの勤め先があるのだろう。首都圏の朝は「上り」だけでなく「下り」も混むようになった。

朝食をせずに家を出てきたので立川で駅弁を買ったが、それを開けば、目のまえの吊革《つりかわ》につかまった客のスーツにコメ粒が付着するかもしれない。

もっと快適な電車で奥多摩へ行きたいなあ、と思う。新宿から奥多摩までは六四・四キロもあり、私鉄ならば前向きシートの特別電車を走らすだろう。それに乗りたい。が、ＪＲ東日本は「線路容量に余裕がありません」と拒否するだろう。小田急の「箱根特急」のようなものを走らせれば通勤通学電車が待避を余儀なくされる。私は小田急の沿線住民なので、その迷惑を実感している。

立川から三〇分の青梅まで来て、ようやく車内が空いた。駅弁を食べる。ロングシートで食べる駅弁のわびしさ。座席の構造とは不思議なもので、四人掛けのクロスシートで酒を飲めば普通の酒飲みにすぎないが、ロングシートで飲めばアル中の観を呈する。

青梅から山間に入り、電車は多摩川が刻んだ谷の北岸にはりつき、流れの屈曲にしたがって右に左にカーブする。鳩《はと》ノ巣《す》渓谷の景勝が見下せるが、ロングシートに坐っていたのでは見にくいし、首が痛くなる。

終点の奥多摩着9時28分。構内にはセメントを積んだ貨車が並んでいる。背後の斜面には階段状の巨大な工場がある。「奥多摩工業」というセメント会社の工場で、日《にっ》原《ぱら》川（多摩川の支流）の上流にある採掘場から石灰石を専用軌道でここまで運び、精錬しているのである。

駅の改札口を出ると、すぐ向いに奥多摩町（氷川町、小河内村、古里《こり》村が合併）の役場がある。そこを訪れて説明を聞き、資料をいただいてから加藤博士《ひろし》さん（奥多摩町企画財政課主任）の運転する車で小河内ダムへの鉄道跡探訪にでかける。新宿の都庁から出向いてくださった松宮庸介さん（東京都総務局行政部地域振興課主査）もいっしょである。こんな厚遇を受けるのは鉄道復活計画のPRに東京都と奥多摩町が熱心だからであろう。

車で案内してくださるのはありがたいが、できることなら廃線跡を歩いてみたい。トンネルはもちろん、橋も残っている由であるし、わずか六キロである。

しかし、トンネルは立入禁止で柵《さく》で封鎖されている。鉄道用の橋も歩行者に開放するのは危険だ。

「線路跡を全部というわけにはいきませんが、ところどころは歩いていただけるようにご案内します」

と加藤さんは言った。


車は、まず日原川の西岸の道を北へ向い、五、六分走って停車。振りかえると、日原川にかかる立派なアーチ橋がある。川面《かわも》からの高さは三〇メートルぐらいありそうだ。これが小河内ダムへの鉄道跡である。あの上をSLにひかれた貨物列車が渡って行ったのだ。観光鉄道として復活したならばSL列車を走らせるという構想があるという。

が、目をこらすと、路盤は荒れ、草も生えている。単線用だから幅は狭いし、柵もない。私は内心ホッとした。もし、「全線の跡を歩きたい」と希望して「どうぞ」と言われたら、あの上を歩く羽目になったはずである。私は高いところが苦手で、このシリーズの屋久島の巻で書いたように軽便鉄道の橋が怖くて渡れず、恥をかいた。

それはとにかく、ここで引きかえし、急斜面の細道をのけぞるようにして登ると、わずかな平坦地に出た。

幅二メートルほどの、道ともつかぬ草むした一帯がある。これが鉄道跡で、あのアーチ橋で日原川を渡った線路がここを通っていたのである。

この地点は氷川の集落を対岸に見下ろす眺めのよいところだ。いちばん上にあるのが奥多摩工業の工場、その下に学校、駅、家並み、日原川と多摩川の合流地点という立体的な構図をなしている。

奥多摩駅の構内の電車や貨車が小さく可愛らしくて、鉄道模型のように見える。


この場所に立ってみると、奥多摩の地勢の険しさがよくわかる。山は五〇度をこえるほどの急傾斜で谷へ落ちこんでいる。黒部峡谷ほどではないが、これほど急峻《きゅうしゅん》な谷はすくない。奥多摩が「秩父《ちちぶ》多摩国立公園」に編入されているのもうなずける。

地図を参照すると、対岸の奥多摩駅とこの地点とのあいだは約三〇〇メートルにすぎないが、鉄道跡は北へ大きく迂回して日原川を渡り、トンネルに入って左曲りにも

'92 Kuroiwa

どる、というΩ字形をなしている。だから、直線で三〇〇メートルの区間が一・六キロに及んでいる。奥多摩駅が南北の方角に位置し、すぐには西へ曲れないこと、家並みに進入するのを避けること、日原川の幅が狭くなったところに橋をかけたいこと、勾配をゆるめたいことなどによるのだろう。

この地点と奥多摩駅との標高差は約三〇メートルだから、一・六キロかけて上れば勾配は一九パーミルにすぎない。この程度ならば重い建設資材を積んだ貨車の列を蒸気機関車で引っぱることができる。この鉄道のルートを策定した人たちの苦心と知恵が伝わってくる。

そうしたことに感心できるのは、私が二万五千分の一地図「奥多摩湖」の古い版を持っていたからである。それには小河内ダムへの線路が記載されている。けれども、現在の版では消されてしまった。この地図は「地形図」であって「交通図」ではないが、廃線になったとはいえ、「地形の一部」として姿をとどめる鉄道跡をも消すのはよろしくない。「廃線跡」の表記を案出してもらいたい。全国にたくさんあるのだから。

「ここに起点の駅をつくりましてね、氷川とロープウェイで結ぼうという案があるのですよ」

と加藤さんが言う。大迂回の区間を短絡するためかと思ったが、そうではなかった。

「青梅線の奥多摩駅で直結させると、お客さんが氷川を素通りして、駅前の商店街でおみやげを買ってくれなくなりますから」

当事者はそこまで配慮しなければならないのだ。

しかし、それでは不便だし、あのアーチ橋が泣くだろう。奥多摩駅の位置を勘案し、青梅線からの乗りかえ客がいったん駅前に出るようにしてはどうだろうか。

それはとにかく、この見はらしのよい地点に「南氷川」駅をつくるとしよう。上下列車の行きちがいのための信号場でもある。

夢の南氷川駅のすぐ先にトンネルの入口が見えている。

「あのトンネルは通れますから歩いてみましょう」

と加藤さんが言った。

トンネルの入口は有刺鉄線の柵で封鎖されているが、かなりの隙間《すきま》があり、身をかがめれば侵入できる。

トンネルに入ったとたん、私は驚いた。レールも枕木も撤去されずに残っているではないか。屑鉄《くずてつ》として売ろうとしても運び出すのに金がかかり、採算がとれないのだ

奥多摩湖観光鉄道

ろうか。
　二本のレールの間隔（ゲージ）は一〇六七ミリで、軽便鉄道用のナローゲージ（七六二ミリなど）ではない。重い資材を積んだ貨車を青梅線から直通させるためだったのだろう。枕木さえ交換すればレールは使えそうだ。
　トンネルの口径は十分に広く、コンクリートで巻いてある。欠落した箇所もなく、現役の幹線のトンネルのようだ。
　約一五〇メートルのトン

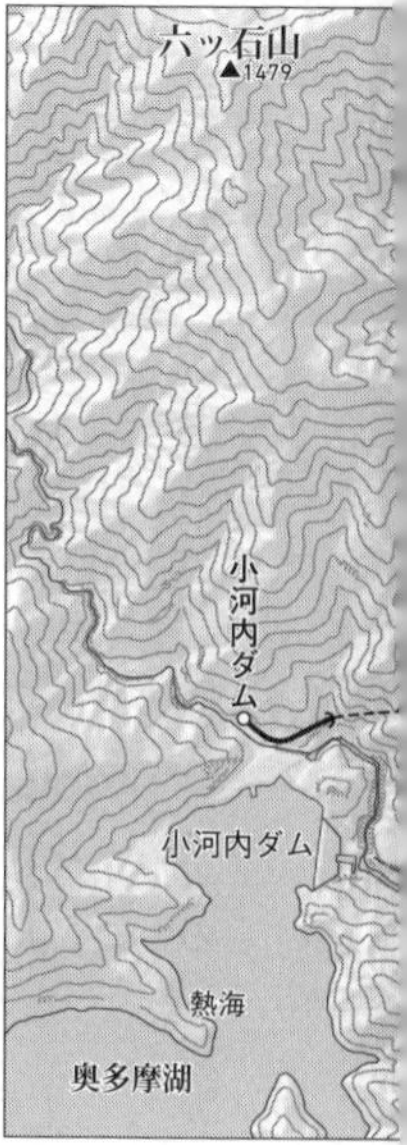

ネルを抜け出ると、急斜面にはりついたところに線路が敷かれている。右は山側に接着しているが、左の谷側は宙に浮いて、古絵図で見る「木曽《きそ》の桟《かけはし》」のような形になっている。

木が茂っていて多摩川の谷は見えないが、加藤さんは、

「ここは枝をはらって流れが見えるようにしたいと考えています」

と言う。こまかいところまで計画はすすんでいるようだ。

私は線路跡を歩きたくなったが、その先は通行不可で、「南氷川」に引きかえす。

車は国道４１１号線（青梅街道）を西へ向う。山梨県へ通じる道で、蛇行する多摩川を幾度も渡る。

「休日にはこの道が渋滞するのです。中央自動車道の混雑をさけようとして、こっちへ入ってくるクルマが多いのです。その対策としても鉄道は役に立つと思います」

と加藤さん。

しばらく線路跡と離れていたが、境《さかい》という集落からは両者が接近する。しかし、線

路跡は国道よりずっと高い位置にある。

ここに駅を設けたい。奥多摩駅から二・九キロの地点である。境集落の人たちも乗ってくれるだろう。駅までは急な坂を登らなければならないので、お年寄には気の毒だが。

駅名は「境」でもよいのだが、このあたりは「白髭《しらひげ》」ともいう。このほうがおもしろいので、私は「白髭駅」にした。


さらに西へ。多摩川の谷はますます狭まり、渓谷というよりは峡谷の観を呈してくる。国道も線路跡もトンネルの連続になる。

そのトンネルの合間で見上げると、頭上高くに線路跡のコンクリート橋が見える。児玉嬢が「とめてください」と叫び、写真をうつす。

それはよいのだが、国道から谷は見下ろせない。線路跡からならば見えるかどうか。多摩川の渓谷美を見るには青梅街道の旧道を歩くとよい。この道は「むかしみち」の名で遊歩道として整備されつつある。

私は帰途にこの道を案内していただいたので、話があと先になるが、「これこそが道なのだ」との感慨をおぼえた。

そのハイライトは「しだくらの吊橋《つりばし》」のあたりだろう。高所恐怖症の私も、渓谷美を見たくて吊橋の中央までたどった。

この「しだくらの吊橋」は、みんなが来てほしいところである。私は「しだくら駅」を設けることにした。奥多摩駅から三・九キロの地点である。しかし、駅と吊橋との高低差は四〇メートルぐらいある。この間を急坂用の簡易モノレールで結びたい。遊園地で見かけるような楽しいのを敷設すれば人気をよぶだろう。

「しだくら駅」予定地から先もトンネルが連続し、トンネルを出て山側を見上げれば線路跡のコンクリート橋がある。全線を歩いて踏査することはできなかったが、私は、だいたい判ったぞ、という気持になった。

中山《なかやま》というところで加藤さんが車を停めた。頭上に線路跡の橋がある。高い橋脚とコンクリートの細い橋げた。あの上は私には歩けそうにない。

国道のかたわらに小屋があり、そこからガードレールのようなものが急な山肌の上へとのびている。加藤さんに教えられなければ気がつかないほどのささやかな施設だが、

駅名表

キロ程	駅　名
0.0	奥多摩
1.6	南氷川
2.9	白髭
3.9	しだくら
6.0	小河内ダム

これがモノレールで、山の上の耕地とを結んでいるのである。

小屋のなかを覗《のぞ》くと、小さな気動車がある。私は乗りたくてたまらなくなったが、地域の人の私有物であるし、勝手に乗るわけにはいかない。「しだくら駅」と吊橋のあいだを簡易モノレールで、と考えたのは、これに刺激されたからである。旅客営業用として運輸省の認可を得るためには、もっと頑丈《がんじょう》なものでなければいけないのだろうが。

中山から長いトンネルを抜けると、これまで高みにあった鉄道跡が道路に接近し、まもなく殺風景な平地が現れる。ここが、かつての鉄道の終点である。ダム建設用の資材を積んだ貨車やSLがひしめいていた往時を偲ばせる。

ここの標高は約五二〇メートル。起点の奥多摩駅は三三〇メートルだったから、一九〇メートルの差を六キロで割れば、勾配の平均は三二パーミルで、途中に格別の急坂はない。SL観光列車を走らせたいとの計画だというが、小さなSLでも可能な勾配だろう。SLの向きを変えるためのターンテーブルの用地も十分にある。お客さんに押してもらって可愛らしいSLがグルッと転換する演出を私は夢想した。

この終点駅は「奥多摩湖」と命名したいのだが、起点の「氷川」が「奥多摩」に改名したために、まぎらわしい。それで「小河内ダム」とした。地味だが、水没した村の名をとどめておきたい気持もある。

終点の「小河内ダム駅」から、ちょっと登ると、奥多摩湖がひろがる。狭い谷あいとつき合ってきた、わが夢の乗客は「暗」から「明」への突然変異に目を見はるにちがいない。

立《たて》山《やま》砂防工事専用軌道

富山県の東部、立山カルデラを源流とする常願寺川《じょうがんじがわ》は暴れ川として悪名が高い。大雨のたびに土石流と洪水で富山平野に災害をもたらしてきた。

その災害を防ぐためには常願寺川の上流に砂防ダムを無数に築かねばならない。工事は江戸時代にさかのぼるほど古くからおこなわれ、現在もつづいている。

「立山砂防工事専用軌道」は、その工事のための資材、作業員、食料などの運搬用として敷設された軽便鉄道（軌間六一〇ミリ）で、昭和二年に一部開通、現在の終点、水谷《みずたに》出張所まで通じたのは昭和四〇年。砂防ダム群の建設が、いかに長期的で根気のいる仕事かをうかがわせる。

この軽便鉄道は、鉄道ファンから見ると、とんでもなく魅力的である。

延長一八・二キロ、起点と終点との標高差六四〇メートル、トンネルが一一、鉄橋が二〇という数値は大したものではないけれど、スイッチバックが、なんと四二ヵ所！

これほどの数のスイッチバックで行きつもどりつしながら登って行く鉄道は日本はもとより世界にも類がないのではないか。私は南米のアンデス山脈越えの鉄道に乗ったことがあり、スイッチバックの多さに驚いたが、一五回ぐらいだった。

スイッチバックが多ければよいというわけではないけれど、世界に冠たる珍奇な鉄道だろう。

そんな鉄道があることを世間一般は知らないが、鉄道好きの私たちは知っている。知れば乗りたくてたまらなくなる。

けれども、「立山砂防工事専用軌道」の役割は、その名のとおりで、一般の客を乗せない。安全の問題もあろう。戦前の黒部峡谷鉄道が、「生命の安全を保障しません」として便乗を認めた頃とは時代がちがうし、余計な客を乗せるのはわずらわしい。当然である。

しかし、昭和五九年から建設省は、富山県民に限って夏期に六回、見学列車を走らせることになった。富山平野を守るためにこれだけの工事をしているのですよ、というPRである。

よいことだが、乗車希望者が多くて、抽選をするという。私は一時的に富山県に在

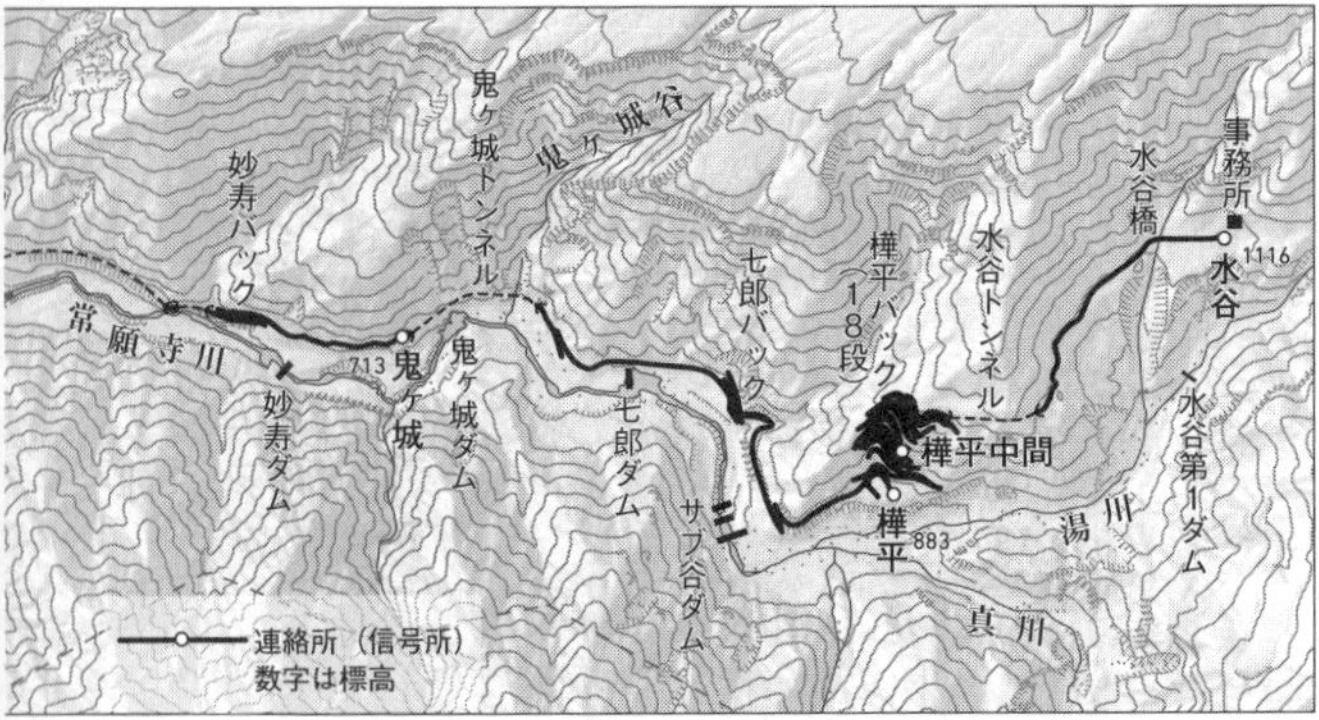

住して、と考えたこともあったが、当選比率が一五人に一人ときいて諦めた。

だが、『旅』編集部の力で便乗が許可となった。砂防ダム工事の意義を世に知らせるために多少は役に立つかと判断したからだろう。ジグザグのスイッチバック軌道に乗りたいだけで工事に関心の乏しい私としては、内心忸怩《じくじ》たるものがあったが。

九月二日（一九九二年）火曜日の夕方、私たち（挿画の黒岩さん、編集部の児玉嬢と）三人は立山室堂《むろどう》のホテルに思い思いのルートで参集した。私は信濃《しなの》大町からのアルペンルート、黒岩さんは富山側からの弥陀《みだ》ヶ原《はら》ルート。児玉嬢は朝早くの飛行機で富山へ飛んで写真撮影をしていたそうである。

立山砂防工事専用軌道

夕方、三人そろったのでホテルの車で夕景を見に出かけた。眺望はすばらしかったが、西の空が暗澹《あんたん》としているのが気にかかった。あすは念願の砂防軌道に乗る日である。

夜半から激しい雨になった。雨の音で目が覚めたほどである。こんな豪雨では砂防軌道が運転休止になるのではないか、と心配になる。

翌三日の夜が明けたが、雨は激しく降りつづいている。テレビの天気概況は「きょうも全国的に晴れで残暑がつづきますが、北陸地方を前線が通過中で、富山県の立山では昨夜の降り出しからすでに五〇〇ミリの降水量を記録しました。富山県には洪水警報が出ています」と報じている。

私は鉄道に乗っていて晴れの日がよいとか雨の日がわるいとか考えたことはない。どちらかといえば雨のほうが情緒があると思っている。川の水は豊かになるし、樹々もうるおう。

だが、きょうは雨では困る。しかも豪雨だ。砂防軌道が運休になったらどうしよう。とにかく予定どおりに行動することにし、富山へ行くというホテルの車に便乗して八時すぎに雨をついて出発した。

標高二四二〇メートルの室堂から弥陀ヶ原を下るうちに雨が小降りになり、雲が切れてきた。私は大いに喜んだが、これは浅はかな喜びであった。昨夜から降った五〇〇ミリにもおよぶ水が、虎視《こし》眈々《たんたん》とどこを破壊してやろうかと狙《ねら》う段階なのである。

車はつづら折りの道を下り、九時一五分、千寿《せんじゅ》ヶ原《はら》の「建設省北陸地方建設局立山砂防工事事務所」に着いた。フルネームをあえて記すのは、ほんらいなら富山県だけで治水すべき常願寺川が、県の財政ではまかないきれぬほどの暴れ川なので国に委《ゆだ》ねられたことを知ってほしいからである。

事務所のある場所は、富山地方鉄道の終点立山駅(旧千寿ヶ原駅)のすぐ近くである。立山黒部アルペンルートを通った人ならば、立山―美女平《びじょだいら》間のケーブルカーの窓から常願寺川の深い谷を見下したであろうが、その谷底である。

事務所の前には可愛らしいディーゼル機関車と豆客車を三両連結した軽便列車が幾組も思い思いの位置に待機している。

「いたいた！」

と私たちは喜びの声をあげた。七〇歳になられたはずの黒岩さんもオモチャをもらった子どものように目を輝かせている。

私たちは9時50分発の列車に乗せてもらえる予定、と聞いていた。

数人の作業服姿にヘルメットの人を乗せた列車がある。あれに乗るんだ！ と心が躍ったが、そうではなかった。これは7時50分発の一番列車なのだが、昨夜来の豪雨のため線路を点検中で、いつ発車できるかわからないのだという。

私たちを応対してくれたのは調査課長の長井義樹《よしき》さんで、

「午後になれば運転が再開できるかもしれませんが、それまで待ちますか。マイクロバスを用意してありますので、遠回りにはなりますが、それで水谷出張所まで行って砂防工事をいろいろ見ていただき、帰りは軌道に乗って下ってくるという手順にしたいと思いますが、いかがでしょうか。はたして列車が走れる状態になるかどうか、わかりませんが」

と言った。

登山鉄道に乗るばあい、下から上へと登りたいのが人情である。が、ぜいたくを言える状況ではない。

事務所の小ホールに招じ入れられ、砂防ダム工事のＰＲフィルムを拝見する。富山平野を土石流と洪水から守るための砂防工事の必要性が要領よくまとめられていた。しかし、軽便鉄道の場面は、わずかしかなかった。

ＰＲ映画が終ると、係の人が、

「砂防軌道に乗りたいとおっしゃる鉄道マニアのかたが非常に多いのですが、すべてお断りしています」

と言う。私は耳が痛かった。

マイクロバスで出発。建設省建設大学校の研究生や県内の高岡市役所の人たちと同乗で、総勢一〇人余。

砂防軌道ならば常願寺川の本流を遡り、一時間四〇分で終点の水谷出張所に行けるのだが、マイクロバスは遠回りをする。まず常願寺川の流れに沿って下り、それから支流の和田川に沿う林道に入る。和田川の谷は深く、林道は細い。褐色《かっしょく》に濁った激流を見下ろしながら崖っぷちをくねくねと行く。スリルがある。

一時間ばかりかかって有峰《ありみね》ダム湖に達し、明るい湖面が広がったが、休憩することもなく進路を北に変えて真川《まかわ》（常願寺川上流の支流）に沿って下りはじめる。砂防ダムがつぎつぎに現れる。工事中のものもある。真川に合流するスゴ谷などは新旧のダムが幾段もかさなっている。こうまでしなければ富山平野を土石流と洪水の災害から守れないのである。

マイクロバスで揺られること二時間。ようやく水谷出張所に着いた。難路をつつがなく走ってくれた運転手さんに感謝するけれど、もし軌道が不通で、帰りもまたこのバスで、となったらウンザリである。それより何より、軌道に乗れなければ、ここへ来た意味がない。

出張所の前には「水谷」の小さな駅名標とレールがあり、「標高一一一五メートル」と書いてある。

あたりの巨木は雨で霞み、厳かな雰囲気である。私は台湾の阿里山鉄道の終点を思い出した。

千寿ヶ原の事務所前で見たのとおなじ列車がいる。線路を点検しながら登ってきたのだという。落石が二つあったが、取り除いたので、帰りは列車に乗れるだろうとのこと。

昼の弁当を頂戴してからマイクロバスで砂防工事の見学に出かける。また雨が降りだした。運転休止になりはしまいかと心配になる。一刻もはやく列車に乗りたいが、そうはいかぬ。私たちが案内されているのは砂防工事の実状を見学するためであって、鉄道だけのつまみ食い、乗り逃げは許されない。

水谷出張所は立山カルデラ内の雨水や土石が壁を突き破り、滝となって下り落ちる地点の崖の上にある。

この滝に七段のダムが築かれ、滝が階段状をなしている。なぜこうするかというと、豪雨のときに土石が一気に流れ下るのを緩和するためである。「砂防ダム」とは土石を防ぎ止めるのではなく、激流を部分的に緩《ゆる》めることによって一日で流れ下れば災害をもたらす土石群を二日、三日、四日……と分割するのが目的だという。うまく説明できないが、そういうこともはじめて知った。

常願寺川が暴れ川なのは、明治時代にダム建設の指導に来たオランダ人の技師が「これは川ではなくて滝だ」と驚いたほど流れが急で、大量の土石を容赦なく押し流すからであるが、もう一つ「鳶山《とんびやま》大崩壊による土砂堆積《たいせき》」の問題がある。

安政五年（一八五八）二月二六日の大地震によって立山カルデラの東に聳える鳶山

立山砂防工事専用軌道

が崩壊し、カルデラのなかに推定四億立方メートルもの土石を堆積させた。これが豪雨のたびに流れ落ちて富山県に大災害をもたらしてきたのである。

現在でも鳶山の崩壊による土石の堆積量は二億立方メートルは残っているという。二億云々《うんぬん》と教えられても見当がつかないが、もしこの二億立方メートルの土石が富山平野を襲ったなら地面が二メートルも高くなるほどの量だそうだ。

駅名表

標高(メートル)	キロ程	駅　名
476	0.0	千寿ヶ原
576	3.6	中小屋
635	5.6	桑谷
713	7.9	鬼ヶ城
883	11.7	樺平
−	13.9	樺平中間
1116	18.2	水谷

長年の砂防工事によって常願寺川の災害は減少した。しかし油断はならない。砂防工事は営々と続けられている。

きょうは天気がわるくて鳶山は見えない。その北の立山も見えない。いろいろ案内していただいたが、その詳細は省略する。が、私は「立山砂防工事」の意義を、すっかり頭に叩きこまれてしまった。

水谷出張所に戻る。「第一次警戒態勢」とかで軽便列車の運転は可否ギリギリの状況だったというが、私たちは促されてトロッコ客車に乗りこんだ。

とたんに、無造作に豆列車はゴトリゴトリと動き出した。あっけなかった。14時35分であった。

起点の千寿ヶ原まで一八・二キロ。スイッチバック四二ヵ所のこの破格の砂防工事専用軌道の乗車体験について、くわしく書くのはやめる。書けば書くほど鉄道ファンの嫉妬《しっと》羨望《せんぼう》の的になりそうだし、うまく書けそうにない。わりあい正確な路線図を一所懸命に書いて挿入したので、黒岩さんの絵を参照しながら乗心地を想像していただきたい。

ただ、二つほど記したほうがよいことがある。

一、スイッチバックが自動切替方式になっており、停車の反動を利用するかのようにすぐ逆進したこと。

二、路線の各所に土砂崩れで崩壊された区間があり、線路のつけかえ、新トンネルの掘削などがおこなわれていたこと。滝の下にトンネルをつくるという芸当も見せてくれた。さすがは砂防軌道である。

この現存の砂防軌道を私が「夢の山岳鉄道」シリーズに加えたのは、言うまでもなく一般の人びとが自由に乗れる観光鉄道にしたいからである。

安全設備の強化などの問題もあろうが、高い運賃を課しても客は殺到するにちがいない。その収益はダム工事費に投入する。自分だけ乗って、いいおもいをしたので、その償《つぐな》いに立山砂防軌道の観光鉄道化を強く提唱したい。

もちろん、軌道に乗って往復するだけでなく、砂防ダム工事の見学とセットでなければならないのだが。

祖《い》谷《や》渓《だに》鉄道スリル線

四国は地勢の険しいところで、愛媛県の石槌山《いしづちさん》（一九八二メートル）は西日本の最高峰であり、徳島県の剣山《つるぎさん》（一九五五メートル）は第二位である。

それらの峰々をつなぐ四国山脈を横切るのが吉野川で、有名な「大歩危小歩危《おおぼけこぼけ》」の景勝地をつくっている。これはJR土讃線や国道32号線から見える。

車窓に顔を近づけて山を見上げれば、首が痛くなるほどの高みに段々畑と家がある。「耕して天に至る。ああ勤勉なるかな、貧なるかな」と孫文《そんぶん》を感嘆させたのは宇和島《うわじま》の段々畑だが、このあたりは谷が深いので、傾斜がゆるやかになる「天」だけを耕しているのだ。

いまは車で登れる道がすべての段々畑に通じているが、昔は水を背負って登ったという。私は四国の風景でいちばん注目すべきは段々畑だと思っている。

その大歩危小歩危のすこし下流で吉野川に合流するのが祖谷川で、この谷は吉野川の本流よりも険しい。しかし、谷の奥にはわずかな平地があり、集落が点在している。

一〇月三日(一九九二年)土曜日、新大阪発8時02分の新幹線で岡山着8時57分。9時07分発の特急「南風《なんぷう》」に乗りかえ、瀬戸大橋を渡り、多度津《たどつ》から土讃線に入って猪鼻《いのはな》峠をトンネルで抜けると眼下に吉野川を見下ろし、阿波《あわ》池田着10時24分。ここで下車する。岡山からわずか一時間余で池田に着けるとは、まったく便利になったものだ。体は池田に着いたが心は追いつかない気がする。

池田は吉野川の高い河岸段丘の上の町で、山に囲まれている。見上げる高みには段々畑がある。どうしてこんなところに高校野球の強いチームが現れたのか不思議な気がする。

ホームに「祖谷そば」の立食いスタンドがある。その名につられて食べる。精白しない黒いソバである。うまいかまずいかではなく、気分ですすりこむ。店のおばさんは、

「きょうは暑いのう。きのうは火燵《こたつ》だっじゃが」

と言う。快晴。一〇月に入ったというのに暖かさを通りこして暑い日だ。

さて祖谷渓に入るわけであるが、そのルートは二つある。

①祖谷川を蜒々《えんえん》と遡る細い県道。

②大歩危からトンネルで抜けて一気に祖谷の中心部の一宇《いっちゅう》や、名所の「かずら橋」に直行する有料道路。

大半の観光客は便利な②を通って、「かずら橋」を往復し、大歩危の船下りを楽しんで帰る。

しかし、祖谷の奥深さを知るには①のルートがふさわしい。崖っぷちを行き、肝を冷やしながらの道である。

私は一五年ほどまえ、祖谷に入ったことがある。そのときは高知のほうから来たので、まず②のルートで「かずら橋」へ行った。帰りは①で池田へ出ようと考えていたのだが、あいにく崖崩れで不通であった。しかし私は祖谷渓の険しさを見たかったので、不通箇所の近くまでタクシーで行って引返した。

そのときの印象は強く焼きついている。急斜面にわずかにノミで刻んだような道！

しばしばクルマが転落すると聞いていたので、運転手にたずねると、

「落ちるほうも大変だろうが、回収するほうはもっと大変だ」

と言った。

私は祖谷渓に鉄道を敷きたくなった。鉄道も脱線して谷底に転落することもあろうが、クルマにくらべれば安全度は比較にならない。

阿波池田の駅前からタクシーに乗り、「祖谷川に沿う道でかずら橋まで」と言った。年配の運転手さんは「大歩危まわりのほうが早いですよ」と答える。祖谷川を遡りたくて、との来意を告げると、「わかりました。よっしゃ」と嬉しそうに言う。この人、祖谷川に沿う路線バスの運転手だったそうだ。

吉野川に沿う国道32号を一五分ほど走るとJR土讃線と並行し、祖谷口、つまり祖谷川の合流地点に達する。

その上に架かる橋で車を停める。祖谷川の水量は多く、吉野川の本流とさして差はない。上を見上げれば、あちこちに高い段々畑と集落がある。

いよいよ祖谷川の谷に入る。この道はひたすら右岸ばかりを行くので、バスの場合は右側に坐ったほうがよい。

道は曲りくねる。たちまち谷が深くなり、木々が被いかぶさる。空気がひんやりして気持がよい。

対向車は少ないが、ときに乗用車やトラックとすれちがう。トラックは材木を積んでいる。

道幅が狭いので、どちらかが後ずさりして行きちがう。私のタクシーは左側通行の利で山側のほうへ寄るが、相手は谷側の路肩ぎりぎりに押しやられる。谷底までは五〇メートルはあるだろう。が、まだ祖谷渓の序の口である。

くねくねと走って「出合《であい》」という集落に入る。商店の軒が狭い道路の上に突き出ている。ここは松尾川という大きな支流との合流点（出合）である。地図を見ると、松尾川の流域には段々畑集落がたくさんある。

これまですれちがってきた車の大半は、出合や松尾川流域に住む人たちのものである。運転手も「松尾にはたくさん人がおるからのう」と言った。主として林業にいそしんでいるそうで、段々畑はタバコ、ソバ、自家製の野菜。

その「出合」を過ぎると、対向車はほとんどなくなった。祖谷の中心の一宇と大歩危とを直結する新道ができたからである。

祖谷川を遡る道の現状は、つぎの三つに分けられる。

①祖谷口－松尾川との出合。約五キロ。地元の人たちの車やトラックが通る。

②出合－一宇。約一五キロ。材木を積んだトラックがたまに通るのみ。

③一宇－かずら橋以遠。この地域は谷が開けて段々畑集落が多く、ふたたび車の交

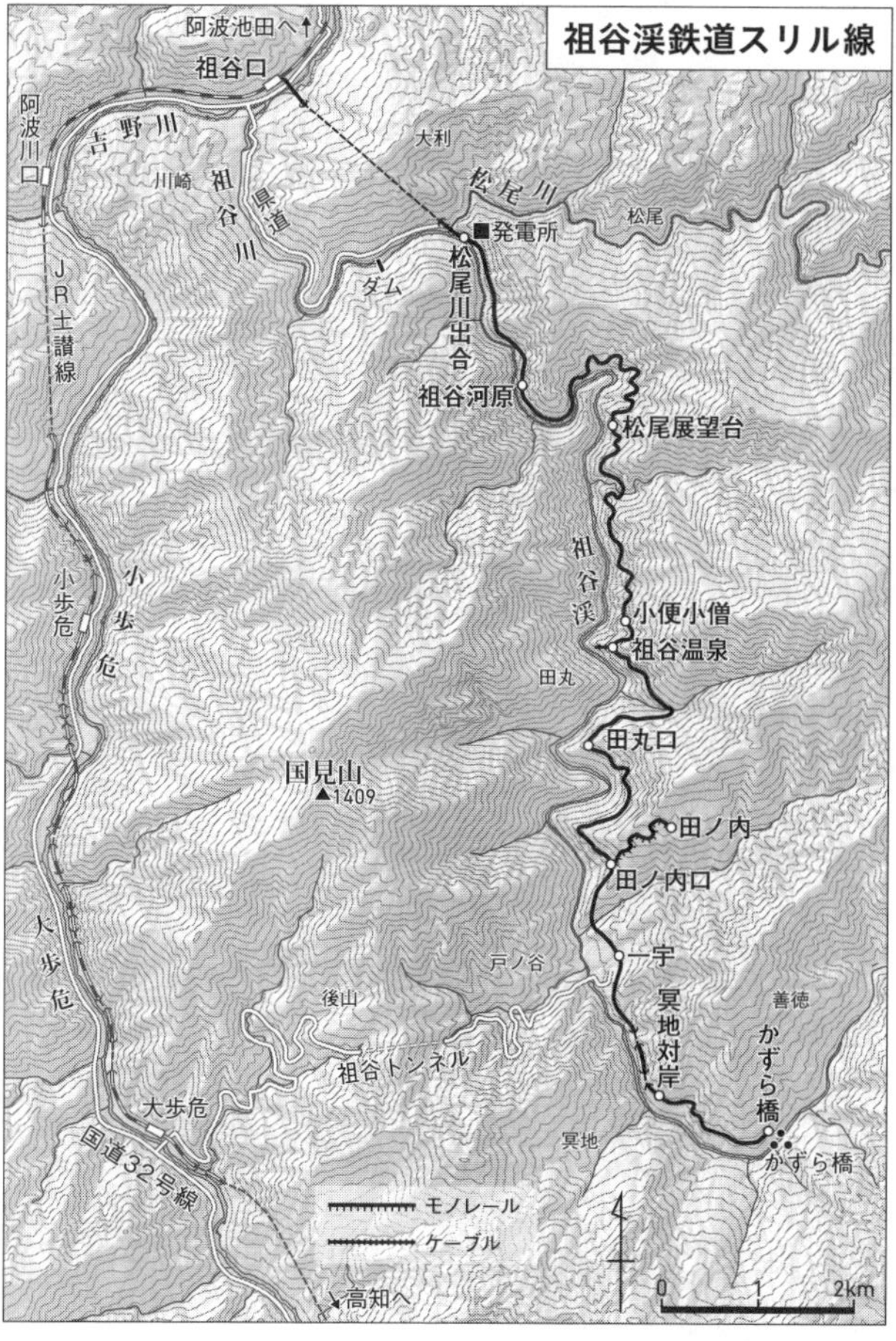

祖谷渓鉄道スリル線
阿波池田へ
祖谷口
阿波川口
吉野川
川崎
祖谷川
県道
大利
松尾川
松尾
発電所
ダム
松尾川出合
JR土讃線
祖谷河原
松尾展望台
祖谷渓
小便小僧
祖谷温泉
田丸
小歩危
田丸口
国見山
1409
田ノ内
田ノ内口
大歩危
一宇
戸ノ谷
後山
善徳
冥地対岸
祖谷トンネル
かずら橋
大歩危
冥地
国道32号線
モノレール
ケーブル
0
1
2km
高知へ

通量がふえる。

以上の三つのうち、道路をつぶして観光鉄道を敷くにふさわしい条件をそなえているのは、②の松尾川出合―一宇の約一五キロである。この区間は祖谷川が深く谷を刻んでいる。道と谷との高低差は二〇〇メートルにも及ぶ。


しかも谷の傾斜は四五度をこえる。上から見下ろせば七〇度ぐらいに感じ、脚がすくむ急傾斜である。

そんなところに軽便列車がトコトコ走る姿を私は夢みている。できれば可愛らしいSLに後押しさせたい。川に沿うので勾配は急ではない。SLでも登れる。レールの軌間《ゲージ》はカーブのきつい箇所もあるが、車両を小型にすれば大丈夫だろう。七六二ミリにしよう……。


車は祖谷川の深い谷を見下ろしながら曲りくねった道を行く。

運転手さんが、問わず語りにいろいろ言う。

「道が広くなって、楽になりました」

こんな狭い道なのに。

「このあたりの紅葉はきれいでのう。お客さん、来月もう一度来てみてください」

また来たいと思う。

「祖谷渓はここからが、見所ですよ」

そう言って車を右側の崖っぷちに寄せて走る。車が中空に浮きでたような感じになる。そうだ、祖谷渓鉄道は崖の端のギリギリのところに線路を敷いて乗客の肝を冷やしてやろうと思う。

祖谷渓鉄道が実現したならば、黒部峡谷鉄道をも凌《しの》ぐ人気路線になるかもしれない。

だが、出合―一宇間のみの孤立した鉄道では、なんとも不便である。出合に広い駐車場をつくるのは地形から見て困難であるし、しいてつくれば、ぼう大な工事費がかかり、環境も破壊する。出合まではバスで、という方法もあるが、わずらわしい。

それで、思いきって土讃線の祖谷口から出合まで約二キロのトンネルを掘ることにした。こうなると、ますます夢物語だが、現在のトンネル掘削技術をもってすれば、出合に広い駐車場をつくるより安くつくのではないだろうか。

もうひとつ問題がある。

出合―一宇間には伐採したスギなどの積み出し所がいくつもあり、トラックが出入りする。それとの対応をどうするか。

わが祖谷渓鉄道に丸太を積んだ貨物列車を走らせて、と考えたくなるが、もはや材木の輸送をトラックから鉄道に奪い返せる時代ではない。

それで、道路と鉄道との共存、つまり「路面鉄道」とする。道幅が狭くて自由に行きちがいはできないが、現在の道路でも事情はおなじで、ところどころに道幅を広くした箇所をつくってすれちがっている。ここに信号機を設置し、単線鉄道における「信号場」のようにしよう。トラックは列車になったつもりで赤・青の信号に従ってもらう。

むつかしいことではない。二車線の道路でも工事で一車線通行となる場合、仮設の信号機や整理員の手旗で「単線運転」をする。あれと似たようなものだ。ただし、列車を優先する。ダイヤを乱さないためである。列車同士がすれちがうための本物の信号場や駅も適度の間隔で設ける（路線図と駅名表参照）。

いろいろ厄介な問題があるが、それらを克服したことにして先へ進むと、祖谷渓はますます深まり、「小便小僧」の絶景地点に達する。

突き出た岩の上で少年の像が谷底に向ってオシッコをしている。脚下一八〇メートル。私など括約筋《かつやくきん》がちぢこまってしまいそうなところである。

駅名表

標高（メートル）	キロ程	駅　名	備　考
132	0.0	祖谷口	JR祖谷口駅に併設
170	2.4	松尾川出合	
240	4.3	祖谷河原	信号所
310	7.4	松尾展望台	
400	10.5	小便小僧	祖谷渓がいちばん深いところ
405	10.9	祖谷温泉	谷底の露天風呂へケーブルあり
410	13.3	田丸口	信号所
400	15.6	田ノ内口	高地段々畑へモノレール
350	16.8	一宇	西祖谷の中心集落
390	18.3	冥地対岸	信号所
390	19.7	かずら橋	橋まで徒歩5分

小便小僧駅のつぎは祖谷温泉駅。この間はわずか〇・四キロで、駅の間隔が短すぎるが、眺めのよいところなので歩いてほしい。祖谷温泉駅では一五分ぐらい停車して徒歩の客を待つとしよう。

崖の上に大きな旅館がある。温泉は谷底に湧《わ》いており、標高差は一七〇メートル。旅館専用のケーブルカーがある。なんたる贅沢。

このケーブルカーは、宿泊客でなくてもお金を払えば乗車と入浴ができる。

ケーブルカーは小さくて、定員一五名。

「このケーブルカーはお客様御自身運転していただきます」

と書いてある。客は私ひとり。

発車ボタンを押すと、扉がしまり、動

きだす。ケーブルカーを運転するのははじめてだ。楽しいが、不安でもある。なにしろ四二度という急勾配なのだ。

谷底の露天風呂で一浴し、また自分でケーブルを運転して上り、祖谷渓鉄道のつぎの列車に乗れば、四・七キロ、約一五分で「田《た》ノ内口《うちぐち》」駅に着くはずである。

ここから段々畑集落の田ノ内まで簡易モノレールを敷設する予定なので、ぜひ乗ってほしい。標高差は約四〇〇メートル。「天を耕す」段々畑の生活の厳しさを垣間見《かいま》ることができるだろう。

つぎは西祖谷山村《にしいややまそん》の中心の一宇である。役場や学校があり、家が建てこんでいるので、山側に専用軌道を敷く。その程度の用地はありそうだ。

一宇を終点にしてもよいのだが、観光客に乗ってもらうためには、やはり「かずら橋」まで延長したい。

この間の二・九キロは大歩危からの新道経由の車が入ってくるので、交通量が多くなる。しかし、道路のつけかえがおこなわれている。不要になった旧道に線路を敷けば問題はないだろう。

スノウドン登山鉄道——イギリス

「夢の山岳鉄道」シリーズが完結に近づき、ホッとしかかっていたところ、編集部から海外篇を四回ほど追加したいとのお話があった。予定していなかったことなので、仕事のやりくりがキツくなるなと思ったが、そこはネコにマタタビ、二つ返事でお引受けした。

外国の山岳鉄道といえば、まず思いうかぶのはアルプス、とくにスイスの鉄道である。私はそれらの鉄道にいろいろ乗ったが、じつに楽しく、かつ自然環境保持への配慮もあって、学ぶところが多く、「こんな鉄道を日本につくりたいなあ」との気持が昂《こう》じた。だから私の「夢の山岳鉄道」の模範としてスイスの山岳鉄道を二、三紹介するつもりだが、ヨーロッパまで行くならば、そのまえにイギリスのスノウドン山への登山鉄道に乗りたい。イギリスは鉄道発祥の地でもあるし。

スノウドン山はウェールズの北部にある山で、標高は一〇八五メートル。

その程度の低い山か、と思うが、山高きがゆえに尊からずで、スノウドン山は高山のように山容は険しく、気象もきびしいという。そして、イギリスでただ一つの登山鉄道が敷かれている。距離は七・五キロ、軌間八〇〇ミリ、小さな客車を小さなSLまたはディーゼル機関車（DL）が後押しして登る。時速一〇キロ、所要時間は五〇分。車窓の眺めはすばらしいそうだ。

一〇月一七日（一九九二年）土曜日、写真担当の櫻井寛《さくらいかん》さんとともにチューリヒからロンドンへ飛び、ヒースロー空港から地下鉄に乗る。都心に近づくにつれて、日本の朝のラッシュさながらの超満員になった。グリーン・パークという駅で乗りかえて、ユーストンで下車。

ロンドンのターミナル駅はたくさんあって覚えきれないほどだが、北北西、つまりバーミンガム、リバプール、マンチェスター方面への列車はユーストンから出る。12時50分発のマンチェスター行に乗る。電気機関車を先頭に二等車五両、一等車五両という編成で、一等車の一部に売店がある。

スイスの列車にくらべると薄汚れているが、さすがに座席はゆったりしている。一等車は通路をはさんで二列と一列になっており、前後の間隔も広く、大きなテーブルがある。一等車は車内で三ポンド（約六六〇円）を払えば何百キロでも乗れる。日本のグリーン車にくらべると格段に安い料金である。

定刻にユーストン駅を発車した列車は、ロンドンの郊外に出ると速度を上げた。平板な地形と平凡な風景のなかを列車は猛スピードですっとばす。ときには時速二〇〇キロぐらいになる。速く走ることで鉄道の復権を志しているのだろうが、これは日本の新幹線の影響である。乗車率はよく、二等車はほぼ満席、一等車も七〇%ぐらいであった。

バーミンガムに近づくと、石炭のボタ山が眼につくようになった。このあたりは鉄鉱石の鉱山も多い。産業革命をへて工業国の先駆となったイギリスの原点を見る思いがする。

二五四キロを二時間で走って14時50分、クルーに停車。ここは鉄道の要衝で、各方面への線路が集まっている。

クルーでウェールズ西北端の港町ホリヘッド行のディーゼルカーに乗りかえる。この線は電化されていない。わずか二両編成で、ほぼ満席。私たちは離れ離れに坐った。客は普段着のおばさんや子どもづれが多く、ローカル線のおもむきがある。15時08分、五分遅れで発車。

三〇分ほど走るとウェールズに入り、海岸に沿う。北に面した淋《さび》しい海である。しかし、つぎつぎとドライブインや「海の家」が現れる。イギリスの短い夏を人びとは海水浴で楽しむのだろう。が、いまはひっそりしている。

海とは反対側の左窓は緑の少ない寒々とした山が迫っていて、ところどころに砦《とりで》の残骸がある。ヴァイキングに備えたのか、イングランド軍と戦うためだったのか。

クルーから八一キロ、一時間半、16時35分にバンゴーに着いた。目指すスノウドン登山鉄道の起点は、ここから南へ一二キロにある保養地のスランベリスである。

私たちはタクシーに乗った。羊の群れる低い峠を越えると、前方に雪をいただいた山が現れた。

「スノウドン」と言って運転手は両手をハンドルから離し、指さす。外国の運転手は平気でハンドルから手を離すのでハラハラさせられるが、スノウドン山は白く気高く、わずか一〇〇〇メートルの山とは思えぬ容姿であった。

車は、氷河の跡とされる細長い湖に沿って走り、夕暮れのスランベリスのホテルに着いた。古くからの保養地にふさわしい落ちついた木造のホテルで、廊下を歩くと、キュッキュッとウグイス張りのような音がした。

ところで、この地「スランベリス」の呼びかたについて触れておきたい。綴《つづ》りはLlanberisである。頭にLが二つ並ぶのも奇妙だが、最初のLをSと発音するのも不可解である。気にかかっていた。

夕食のとき、給仕の少年に、しつこく「Llanberis」の発音をくりかえしてもらった。

「サンベリス」

スランベリスではないのかと、「ラ」に力を入れて幾度も問うたが、首を振って、「サンベリス」と言うのである。二つのLがまったく無視されている。

こんなことに私がこだわるのはウェールズの歴史による。ウェールズは一三世紀にイングランドに征服された地域である。くわしく説明する知識を私は持たないが、日本史にたとえれば倭人《わじん》と蝦夷《えみし》あるいはアイヌ民族との関係に似ていると言ってよいだろう。

現在のウェールズの地名の綴りと訓《よ》みは、そうした歴史をかかえこんでいる。「スノウドン」は「大雪山」のような倭人の命名、「スランベリス」は「オシャマンベ」(長万部)のようなものだろうか。L二つではじまる奇妙な名称は他にもいろいろあり、たとえば「湖」は「Llyn」である。

日本語のガイドブックや地名事典には「スランベリス」となっているので、それに従うことにするが、「サンベリス」のほうが通じやすいだろう。


翌一〇月一八日、日曜日。北ウェールズは北緯五三度。日本より寒い。

スノウドン登山鉄道の乗り場は、ホテルからちょっと坂を下ったところにある。駅舎は木造の三角屋根で、壁は白、軒や窓枠は赤で、お伽話《とぎばなし》の家のようだ。しかし建物は大きくて、スーパーのように広い売店や食堂もある。スノウドン登山鉄道にかかわる本や地図や写真を売っているコーナーもあり、私は二万五千分の一の地図と『スノウドン登山鉄道史』という小冊子を買った。

切符売場やプラットホームは小さく狭くて貧弱だが、その奥の車両基地は意外に広く、小型ながら幾両ものSLやDLがたむろしている。煙を上げているSLもあり、堂々たる機関区のミニチュアといったおもむきがある。スノウドン登山鉄道はSL七両、DL四両を保有し、従業員八〇名、経営は黒字だという。

感心しながら構内を眺めていると櫻井さんが現れた。早起きして朝食もせずに取材していたのだそうだ。そして興奮した面持ちで、「おもしろいです、おもしろいです」

をくりかえす。

スノウドン山への一番列車は9時30分に出る。そのあと一時間ごとというダイヤだが、天候が悪ければ運休し、客が少なければ間引き運転をするという。

きょうの天候は悪くない。雲がひろがりつつあるが、青空がのぞいている。

客は9時10分現在、少ない。五、六人の姿がチラホラするだけである。きょうは日曜だが、寒いイギリスでは観光シーズンが終りかけているのだろう。はたして運転するかどうか。


客よ来い来いと祈念していると、どこからともなく客が三人、四人とやってきて、二〇人以上になった。切符売場の窓口が開いた。

客車は一両のみ。席は車幅いっぱいのベンチの向い合せで、それぞれに外開きのドアがある。車内の通路はない。これは鉄道客車の原初のかたちである。

この客車を押すのは小っちゃなDLである。SLのほうが風情があるのだが、まあいい。私は車両よりも線路や車窓風景のほうに興味があるので、SLでなくてもよい。濃緑色のDLとクリームと赤に塗り分けられた客車との配色は、不似合いのようでもあり、釣合《つりあ》っているようでもあって好ましい。

八〇〇ミリの狭い間隔で敷かれたレールの間に歯形のラックレールがある。言うまでもなく急勾配を登るためで、機関車の股ぐらの歯車と嚙み合せる。ラックレールにはいろいろな種類があるが、これはアプト式である。ただし、かつての碓氷峠や現在の大井川鉄道のアプト式とは歯並びがちがう。

スノウドン登山鉄道の起点、終点の標高差は一〇七七メートルで、距離は七・五キロ、勾配の平均は一二八パーミルになる。ラックレールなしには登れない勾配である。高い山のないイギリスでは、このスノウドン登山鉄道だけが唯一のラックレール路線だという。

9時37分、小さなＤＬと客車一両の列車はゴトリと動きだした。未知の鉄道に乗りにきて、それが動きはじめたときの感触は言うに言われぬものがある。まして異国の珍奇な登山鉄道である。

発車するやいなや、すぐラックレールならではの急勾配だ。スランベリスの家々が斜めになる。

その民家の裏庭をかすめる。羊がいる。黄色に変じた樹々の葉が窓を過ぎる。紅色の葉はないが紅葉の季節だ。

左に谷が迫ったと思うまもなく、滝が現れた。高い滝ではないが、岩の割れ目を落下する水量が豊かなので見ごたえがある。客たちが立ち上って眺める。

この滝の箇所の線路の敷きかたに私は感心した。滝の見えない西側のほうにルートを設定したほうが工事が容易なはずなのに、なんとしてでも滝を見せてやろうという意図が感じられたからである。

滝を過ぎると、寒々とした牧草の斜面がひろがる。

線路際に羊の群れがいる。お尻のあたりにΛ型の黒い印をつけられている。緑色の○印の群れもいて、草をはんでいる。それぞれの牧場の羊の区別なのだろう。

英国製のウールに憧《あこが》れていた時代を思い出す。

ここは牧場なのだな、と気がついて、あたりを見渡すと、いるいる。小さな白い岩をちりばめたように無数の羊がいる。右窓の草原はゆるやかに谷に落ち、その対岸は急斜面の岩山になっているが、そこも羊の大集団だ。

駅でも信号場でもないところで停車した。

少年が一人おりて、坂を下って行く。その先に小さな小屋がある。牧童らしい。

頭上の雲が厚くなってきた。北のスランベリスやバンゴーの方角は、わずかに青空が見え、視界もよいのだが、スノウドン山のほうは暗澹としてきた。

DLに後押しされた一両の客車は、ゆっくりとラックレールを登る。窓を開けて首を出し、来し方《こかた》ゆく末の線路を眺めるに、この鉄道、細々と自然に溶けこんでいる。羊たちも列車の通過を意に介せず、お尻にマークをつけて黙々と草をはんでいる。

狭い切通しを抜ける。掘りっ放しで、壁をセメントで固めてはいない。

9時58分、「ハーフウェイ駅」に停車した。その名のとおりの中間地点で、スランベリスから三・六キロ、標高は五〇〇メートル。駅舎は意外に立派な二階建てで、駅員もいる。

派手な登山服を粋《いき》に着こんだ初老の夫婦が下車した。線路に沿ってスノウドン山への登山道がある。それを歩くのだろう。

雪がチラついてきた。地表に雪がうっすらとある。あたりは瓦礫《がれき》のような鉄平石《てっぺいせき》の散乱する荒涼とした傾斜地で、すでに羊たちの姿はない。

「ロッキーヴァレイ」という信号場を停車せずに過ぎると、車内のマイクが何やら言った。

「いま何と言いましたか」と私。

「左を見ろ、と言いました」と櫻井さん。

こんな英語まで聞きとれなかったとは、なさけない。

列車は断崖《だんがい》の上に出た。眼下は深い谷。その高低差は六〇〇メートルもある。眼がくらむような恐ろしい景観で、乗客はいっせいに感嘆とも悲鳴ともつかぬ声をあげる。脱線したらひとたまりもない。

なぜこんなところに線路を敷いたのか。

二万五千分の一の地図を見るに、しいてここに線路を敷く必要はなかったように思われる。さきほどの滝で抱いたのとおなじ感想である。

スノウドン登山鉄道が建設されたのは一八九〇年代である。一〇〇年も昔のことであり、察するほかはないのだが、絶景を見せてやろうとの意図がはたらいていたように思われてならない。サービス精神か商魂か。その両方だろう。スイスの各登山鉄道でも、それを感じさせるところが随所にある。日本の鉄道には、ケーブルカーやロープウェイを含めてまったくないと言ってよい「思想」である。

10時12分、雪原のなかで停車した。コンクリートの武骨なトーチカのようなのがあり、

「CLOGWYN 2556……」

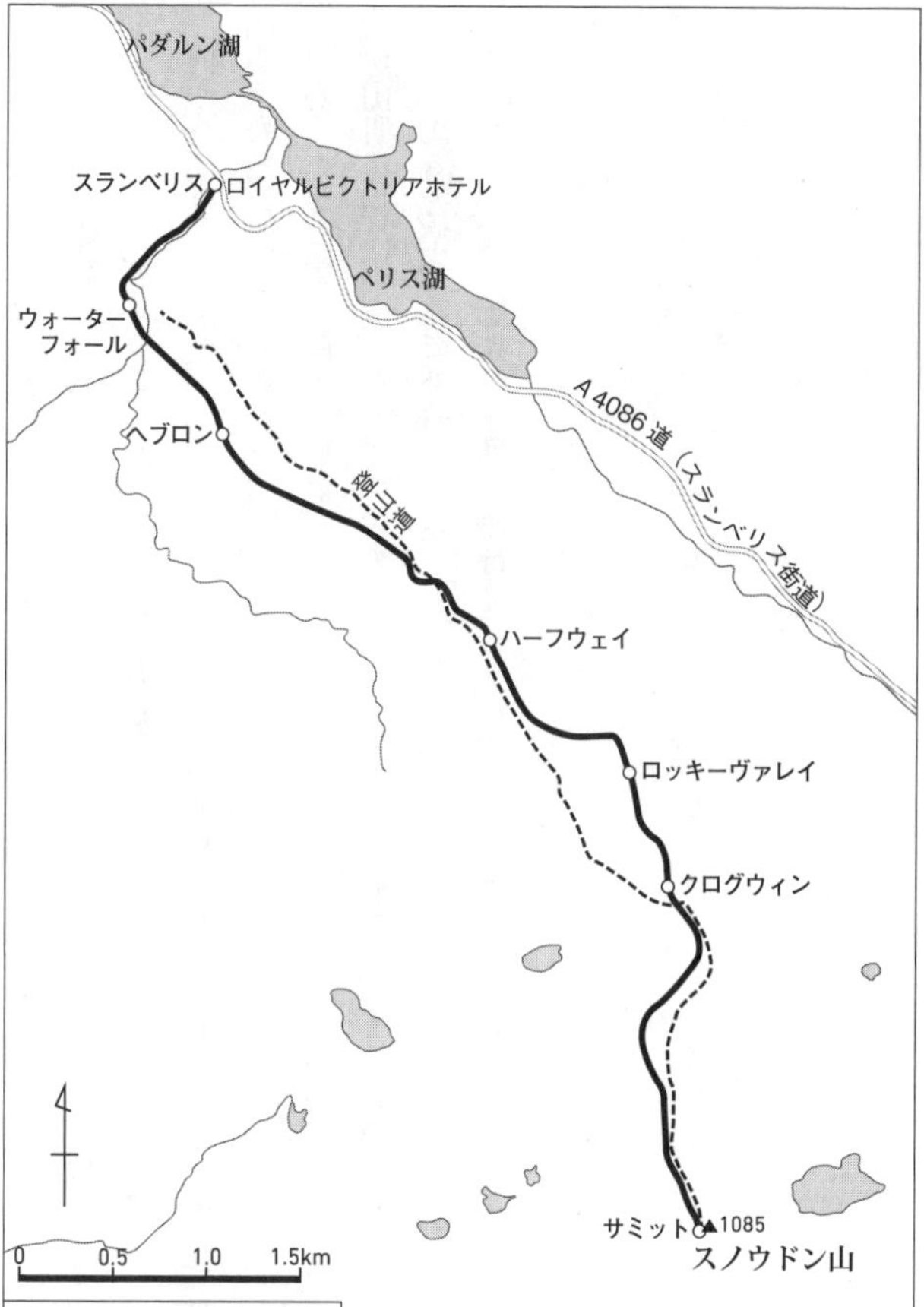
パダルン湖
スランベリス
ロイヤルビクトリアホテル
ペリス湖
ウォーター
フォール
A 4086 道（スランベリス街道）
ヘブロン
登山道
ハーフウェイ
ロッキーヴァレイ
クログウィン
サミット
1085
スノウドン山
0
0.5
1.0
1.5km
スノウドン登山鉄道

の札が下っている。クログウィンと訓むことにするが、「２５５６」はフィートだから換算して標高七七八メートル。スランベリスから五・四キロ、終点の「サミット（頂上）駅」まであと一・九キロの地点である。

何やら聞きとりにくい車内放送があり、乗客たちは、それぞれのドアを開けて外に出る。なぜだかわからぬが私も雪原におりる。

風が冷たい。雪も降っている。が、視界はよい。この先、スノウドン山へと向う線路が山肌を横に細くたどっているのが見えている。これから、あそこをたどって行くのかと思うと楽しみである。

けれども、列車は先へと進んではくれなかった。雪と氷結のため、ここで引返した。

ブリエンツ・ロートホルン鉄道——スイス

スイスにはたくさんの登山鉄道があり、それぞれに個性がある。線路の敷設のしかた、車両のかたち、ラックレールの形式、そして車窓の景観など、じつにいろいろだ。

これらのうち、いちばん人気が高いのはユングフラウ鉄道（ＪＢ）である。鉄道など利用しない大急ぎの観光ツアーでも、この鉄道は日程に組み入れている。ヨーロッパの鉄道の最高地点（三四五四メートル）まで登り、ユングフラウの秀峰やアレッチ氷河を見せてくれるからだろう。ただし、そこに至るまではトンネルのなかばかりを五〇分も登る。途中にアイガー北壁の大絶壁や氷河を見上げ見下ろす展望駅を設けており、さすがはスイスだと感心させられるけれど、ユングフラウ鉄道に乗っただけでは、スイスの登山鉄道を語れない。

私はスイスの登山鉄道に全部乗ったわけではないが、ユングフラウ鉄道より面白いぞと推賞したいのが何本もある。

そのなかから「ブリエンツ・ロートホルン鉄道」（ＢＲＢ）を選んでみたい。これも人気路線で、私はすでに二度も乗車の機会をえたが、また乗ってみることにしよう。

一〇月一五日(一九九二年)木曜日、写真担当の櫻井寛さんとともにチューリヒ中央駅9時07分発のルツェルン行に乗る。

今回のヨーロッパ旅行には、めずらしく家内を帯同してきた。櫻井さんは世界を股にかけて飛びまわる仕事一途《いちず》の人、私は仕事と遊びが混在、家内は遊びだけ、という三人組である。

9時56分、ルツェルン着。ここで10時24分発のインターラーケン行のブリューニヒ線の快速列車に乗りかえる。この線は国鉄なのだが、ゲージは一〇〇〇ミリの狭軌である。しかし、車両は一四三五ミリの標準軌用にくらべて、さして狭さを感じさせない。電気機関車にひかれる編成も長く、一等車も連結されている。ダイヤも一時間ごとに快速一本、鈍行一本にパターン化されていて、幹線鉄道なみである。

私たちは一等車で国内を自由に乗り回せる「スイスパス」を持っている。家内は座席の坐り心地がよいとか、インテリアの色がいいとか、はしゃいでいる。

ルツェルンを発車し、湖の岸を走って一五分、アルプナッハシュタットを通過する。山側に「ピラトゥス鉄道」(PB)の駅があり、ケーブルカーのような車両が見える。

しかし、これはワイヤーで引っ張り上げてもらうのではなく、ラックレール（ロッヒェル式）を噛んで自力で登る「電車」なのだ。最急勾配は四八〇パーミルにも及ぶというもの凄《すご》さで、私は乗ったことがあるが、「ケーブルのないケーブルカー」との印象を受けたし、登山鉄道建設へのすさまじい情熱と商魂に感服した。開通したのは前世紀の一八八九年。やはりスイスは鉄道の大先輩である。

ブリューニヒ線の列車は湖や集落を見下ろし、対岸の滝を眺めながら走る。絵のような、という使い古された表現が新鮮になるほどの景観である。

ギスヴィルという駅からは急勾配で、ラックレール（リッゲンバッハ式）の区間になる。ここから先が、ますます楽しいのだが、撮影に余念のなかった櫻井さんが席にもどってきて、

「ロートホルンに乗るまでフィルムがなくなってしまいそうです。もうやめます」

と言った。

そのとおりで、私も本題からはずれたブリューニヒ線の魅力を語るのはやめにする。

峠をこえて、急勾配をラックレールで下り、マイリンガーで方向転換をして、しばらく走ると、左窓にブリエンツ湖がひろがり、12時00分ちょうど、ブリエンツに停車

した。「ブリエンツ・ロートホルン鉄道」の乗車駅である。

日本のように高いホームはなく、線路とおなじ平面にコンクリートをはってあるだけだ。客車のステップに足をかけ、ヨイコラショとおりる。

駅の南側は湖の岸で、白い観光船がとまっている。北の山側には道をはさんでブリエンツ・ロートホルン鉄道の駅がある。山小屋のようなつくりだ。小さなＳＬが煙をあげ、蒸気を噴き出している。

前回乗りにきたときは客が列をつくっていたが、きょうは閑散としている。観光シーズンが終りかかっているからだろう。この鉄道の運転期間は一〇月末までである。

こんどの発車は13時05分。一時間ほど待たねばならない。切符売場の窓口は閉じられている。私たちは駅の横の食堂に入った。

ゆっくり昼食をすませて駅にもどると、どこから湧いて出たのか、たくさんの客が乗りこんでいる。「しまった、食堂で長居をしすぎた」と思ったが、満席札止めでなかったのは幸いであった。

「ブリエンツ・ロートホルン鉄道」について、ご存知の方も多いと思うが、若干の説明をしておきたい。

区間。ブリエンツ―ロートホルンクルム、七・六キロ。「ロートホルン」はドイツ語の「赤い岩峰」の意。「クルム」は「絶頂」。

標高差。資料がないので正確な数値を示せないが、二万五千分の一の地図によると、起点のブリエンツ駅は海抜五六六メートル、終点のロートホルンクルムは二二四四メートルだから、その差は一六七八メートル。それを七・六キロで割れば平均勾配は二二〇パーミル。もちろんラックレールなしでは登れない。

線路。軌間は八〇〇ミリ。全線アプト式のラックレール。

運転。非電化で、SLまたはディーゼル機関車が客車を後押しして登る。時速は約八キロ。所要時分は六〇分。

開業。一八九二年。ちょうど一〇〇年前。

これらのうち、いちばんの特色は、「SL列車」にある。山国で水力発電に恵まれたスイスの旅客用鉄道はすべて電化されているのだが、このブリエンツ・ロートホルン鉄道だけが非電化なので、電化率は一〇〇パーセントにはならない。

なぜ効率のよい電気鉄道にしないのか？　私はその理由を知らないが、とにかく「SL」がブリエンツ・ロートホルン鉄道の特長であり、魅力となっている。しかし、SLが老朽化と不足で、ディーゼル機関車で代行する列車のほうが多いという。

 ブリエンツ・ロートホルン鉄道——スイス

さて、私たち三人が乗る13時05分の列車であるが、嬉しいことに客車のあとにSLがくっついていた。

豆汽車と呼びたいような可愛らしいタンク式SLで、前へつんのめったようにして尻を持ち上げている。急勾配でも缶《かま》の水が水平になるようにするためである。私は家内にその旨《むね》を説明したが、彼女は関心を示さず、タンクの濃緑色の塗装を指さして、「きれいな色だわ。日本の電車の色は、どうしてあんなにヤボッたいのでしょう」などと言う。

その前のめりのSLの鼻先に天井までアクリル窓のドーム車がある。これは満席。そのつぎの客車は、屋根と窓はあるが、平凡なもの。が、席はほとんど埋まっている。その先に、トロッコに屋根をかけただけの吹きっさらしの車両がある。木のベンチばかりの席に客はわずかしかいなかった。

私たちは、そこに乗った。登るにつれて寒さにこごえるかもしれないが、この鉄道を観賞するには一等地で、デッキもある。

発車時刻が近づくと、紺の制服制帽姿の色の白い車掌がデッキに立った。

定刻13時05分、列車は動きだした。

いきなり急勾配で、のけぞる。ゴトリゴトリと床《ゆか》から振動が伝わってくる。民家をかすめながら登る。軒下に薪《まき》が積んである。洗濯物が干してある。裏庭のブランコで子どもが遊んでいる。

それも束《つか》の間《ま》で、針葉樹の茂みに入る。もう人家はない。勾配が急なので、まっすぐに天へ伸びているはずのモミの木が斜めに見える。

SLの音が「シャカシャカ」と聞こえる。せわしいリズムだが、時速はわずか八キロ。人間の駆け足より遅い。プレストの「シャカシャカ」とアンダンテの「ゴトリゴトリ」とが不調和で、こんな音楽はどんな天才でも作曲できないだろうと思う。

先頭のデッキに立って前方を見つめている紺の制服制帽姿の車掌は色白の美少年である。マツ毛が長い。

「この車掌、すごい美少年だぞ」と私は家内に注意をうながした。家内は席を移してきて横から眺め、「この人、女の子よ」と言った。なるほど男にしてはお尻が大きい。

針葉樹の丈の高いこと！　五〇メートル以上かと思われるのもある。樹間からブリエンツ湖が見える。淡緑色の水をたたえている。

13時24分、茂みのなかの信号場を通過。「GERDLIED」と書いてある。地図の等高線を見ると標高は一〇一九メートルぐらい。

素掘りのトンネルに入る。男装の麗人車掌が天井から下がった紐《ひも》を引く。フットランプが点灯し、線路を照らす。彼女は落石の有無などを監視するのが仕事らしい。

地図によると、このトンネルを抜けたところに断崖のふちを行く箇所がある。はたせるかな、身の毛がよだつような絶壁が窓の下にあった。が、たちまちトンネルに入る。

こんな凄いところを通るのに気がついたのは、くわしい地図を持ってきたからである。これまで二度も乗ったのに知らずに通り過ぎたのは迂闊だったと思うが、大半の乗客は気づかないだろう。車内放送で「トンネルを抜けたら左の窓の下を見よ」と言ってほしい。

それにしても、なぜ、かような危険なところに線路を敷いたのであろうか。一〇〇年も昔の建設者の考えを聞くすべもないが、「絶景を見せ、スリルを味わわせてやろう」との意図が感じられる。この線にかぎらず、スイスの登山鉄道に乗っていると、そうした印象を受ける箇所が多い。とすれば、これは「思想」や「哲学」の領域になる。

晴れていた空に雲がひろがってきた。
針葉樹の丈が低くなり、まばらになった。植生が変ったのであろう。
13時33分、プラナルプに停車。標高一三四一メートル。行きちがいの列車がとまっ

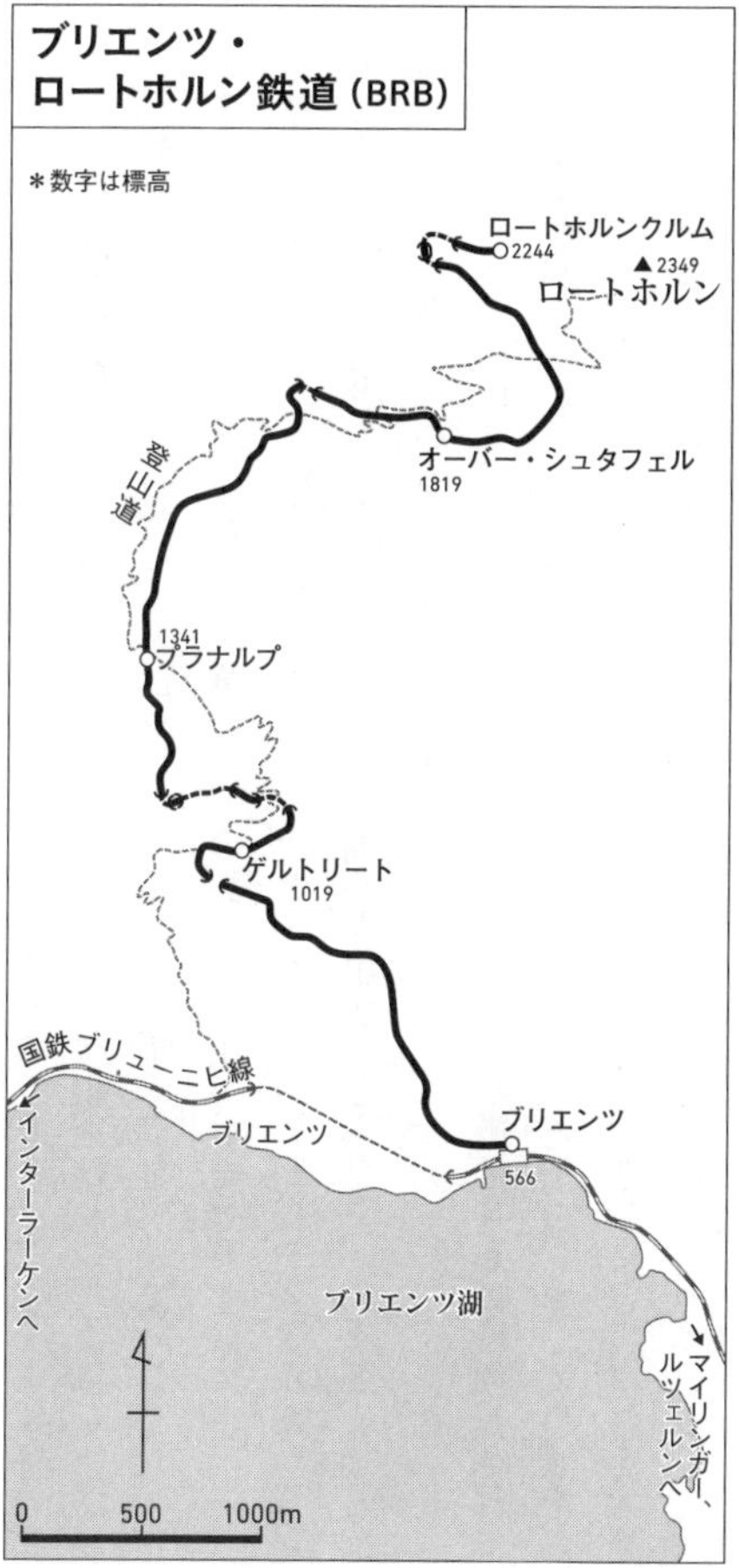

ている。あちらは満員で、子どもたちの可愛い顔が窓に鈴生《すずなり》になってこちらに手を振る。親たちも笑顔だ。ロートホルンからのアルプスの大展望をほしいままにした満足感がうかがわれるような気がした。しかし、すでに雲が厚く空を被《おお》っている。

プラナルプからは木がなくなり、草と岩との混在する山あいを登る。左窓の下に登山道が見える。ひとりトボトボと歩く人がいる。姿や歩きかたから察すると私とおなじ初老のようだ。わが鉄道に関心を示すこともなく、黙々と、そしてゆっくりと歩を運んでいる。

しかし、それはそれで、このブリエンツ・ロートホルン鉄道はSLに後押しされて、シャカシャカと登って行く。道床の幅は二メートル半ぐらいだから、さして自然を傷つけていない。もとより無いにこしたことはないのだろうが、地形に忠実に谷を大きく迂回する線路の曲線美には息をのむ。風景に溶けこみ、風景をつくっている。

鉄道ファンの自分勝手な感想よ、と言われればそれまでだが、日本だったら山肌を削りとって自動車道を強引につくりそうなところである。

シーニゲプラッテ鉄道――スイス

一〇月一六日（一九九二年）金曜日、インターラーケン東駅《オスト》発9時32分のベルナー・オーバーラント鉄道（BOB）に乗る。この鉄道は有名なユングフラウ鉄道（JB）に接続するので乗客が多く、登山鉄道とは思えぬほどの長大な編成で運転されている。日本人のツアーが一両を占領していたりする。

インターラーケン東駅から五分ほど走ると、ヴィルダースヴィルという最初の駅に停車する。インターラーケンの郊外、といった感じのところで、車の行き交う道が駅前を通り、スーパーマーケットなどがある。

観光とは無縁のような駅だが、ここを起点とする「シーニゲプラッテ鉄道」（SPB）がある。地味な登山鉄道で、ユングフラウへと心はやる客は、その存在に気づかないだろう。私も、これまで幾度も素通りしてきた。

しかし、スイスの登山鉄道には、

「つくるからには、それだけの価値のある鉄道であるぞ。高い運賃を徴収するが、乗った客を失望させないだけのものは提供するぞ」

という自信と商魂があるようで、地図を見て、「なぜこんなところに登山鉄道を敷いたのか」と首をかしげる路線でも、実際に乗ってみると、「なるほど」と感心し、満足させられる。それは、たんに、A点とB点を結ぶだけでなく、その間のルート選定に工夫をこらし、車窓の眺めを楽しませようとする姿勢にもよる。

今回はその一例として「SPB」を紹介するとしよう。起点のヴィルダースヴィルの標高は五八四メートル。終点のシーニゲプラッテは一九六七メートルで、標高差は一三八三メートル。この間七・二キロ。平均勾配は一九二パーミル、最大勾配は二六〇パーミル。全線がラックレールで、形式は単純なリッゲンバッハ式。軌間は八〇〇ミリで、BOB（一〇〇〇ミリ）より狭い。所要時間は上り下りとも五二分。

長い編成のBOBが発車し去っていくと、その陰からSPBの列車が現れた。カラシ色と赤とに塗り分けられた電気機関車の小さいこと。豆汽車だ。しかし、屋根の上のパンタグラフは異様に大きい。

客車は木造の二両。車内の通路はなく、横一列にベンチ型の木の席が向い合って並び、ホーム側の扉を開けて乗降するという鉄道客車の原始型である。

こうした旧態な形式の客車を運用しているのは、ＳＰＢの開業が一八九三年という歴史の古さの誇りであり、それを売りものにしているのでもあろう。

シーニゲプラッテまでの往復運賃は四二スイスフラン（約三八〇〇円。「スイス・パス」の所持者は三一フラン）。高いな、と思うが、乗ったあとでの感想はちがうかもしれない。

列車はガラ空きであった。客は二両で七、八人。すでに観光シーズンの終りで、このＳＰＢは二日後の一〇月一八日（日）で今年の運転を終えるという。

客車は旧式きわまるが、古いオンボロ車ではない。製造年はわからないが、外装も内装もピカピカで、新造車のようだ。窓枠にも床にも傷ひとつない。木の椅子は固いが、ニスは、きのう塗ったかのようだ。

そして、スイスの鉄道に乗るたびに感心させられるのは、窓ガラスがきれいに拭《ふ》きこまれていることである。「車窓」を大切にしていることがわかる。

定刻9時45分にヴィルダースヴィルを発車。豆電気機関車は二両の客車のうしろにとりついて後押しする。「推進運転」である。急勾配を登る鉄道の場合、ブレーキのある機関車を後尾につけて安全をはかるわけで、日本の信越本線の碓氷峠も同様である。

しばらくBOBの線路と並んで走るが、二分ほどでリュッチーネ川を渡ると、左へグイと曲ってBOBと別れ、急勾配にいどむ。私と向い合って坐っていた家内が、「お尻がズリ落ちるわ」と隣に席を移す。

あたりは針葉樹林帯で、丈の高いモミの木などが窓辺を過ぎていく。垂直に天へと伸びているはずの幹《みき》が、わが窓枠の額縁《がくぶち》では斜めになっている。

登るにつれて針葉樹林が消えて視界が開ける。インターラーケン（「湖のあいだ」の意）の町と、その名のとおりに右にブリエンツ湖、左にツーン湖を見下ろす。

10時16分、ブライトラウエネンという駅に停車。軌間八〇〇ミリの軽便鉄道に似合わぬ立派な二階建の駅舎で、駅員もいる。タイル貼りの壁の駅名標の下に「1542m」とあるのは標高である。

ここでリュックを背負った中年夫婦が下車した。地図を見ると、ここから北と東へ二本の登山道がある。私など、鉄道というと起点から終点まで全部乗り通さないと気がすまない質《たち》だが、途中で降りて歩く人を見ると優雅だと思う。

ブライトラウエネンからは岩場の連続になる。白い岩肌をむき出しにした谷が深く切れこんでいる。岩の破片が散乱したガレ場も多い。そんなところを列車は急斜面に張りつくようにして登っていく。窓枠をかすめる電柱が斜めに見える。

谷へと突き出た稜線の先を急カーブでまわる。脱線したなら、何百メートルも転落しそうなところで、掌《てのひら》が汗ばんでくる。が、白い岩の谷から緑濃い針葉樹林帯を見下ろす高低差のある立体的な景観は絵である。

来し方を振り返れば、岩山にノミを入れたような線路がある。これとて、自然の景観を傷つけているにちがいないが、もしここに自動車道路をつくったならば、その傷は何倍もの太さになるだろう。

短いトンネルを抜ける。私はこの登山鉄道にトンネルがほとんどないことに気がついた。だから眺めがよいのである。

トンネルを掘ったほうが楽に通過できそうな箇所がいくらでもある。トンネル掘削はお金がかかるが、雪崩や崖くずれなどの被害は受けない。保線のための労力や費用を勘定すればトンネルのほうが有利だろう。が、この鉄道は、ごく短いトンネルが三つあるのみで、車窓の景観とスリルを味わわせてくれている。

このSPBを建設した一〇〇年前の人たちの意図が那辺《なへん》にあったのか、知る由《よし》もな

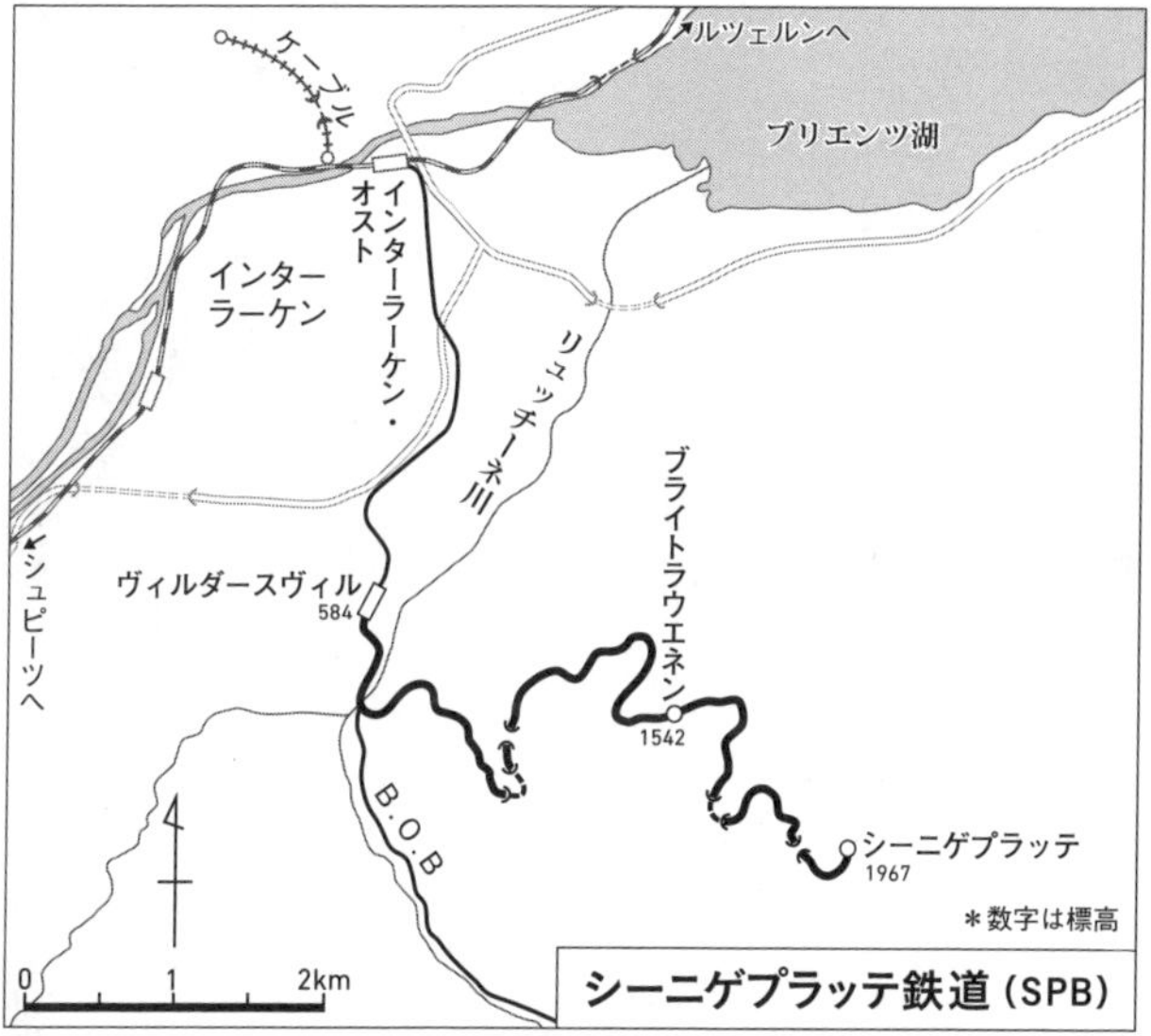

いが、トンネルにもぐらずに景色を眺めさせてやろうという意志がはたらいていたように思えてならない。これはスイスの登山鉄道に乗ってみるたびに感じる。

10時37分、終点のシーニゲプラッテに着いた。

ここから四、五分歩くと、ユングフラウ、メンヒ、アイガーの三名山を眺める展望台があるというが、きょうは雲がかかって見えないとのこと。それもよい。私は、あの岩場の路線に満足していた。アルプスの秀峰を眺める展望所はいくらでもあるが、この鉄道の道中は、それとは別の楽しみとスリルを提供してくれた。山が見えなかったと残念がる家内を、「スイスに一回来たぐらいでアルプスを見ようとしても無理だ。また来よう」となぐさめた。そう言ったからには約束をはたさねばならぬのだが。

シンプロン峠鉄道

――スイス・イタリア

「シンプロン・トンネル」の名は、私たちの世代にとって特別の響きを持つ。アルプスを貫いてスイスとイタリアを直結するこのトンネルは一九〇六年の開通で、全長一九・八キロ。

いまはトンネル王国の日本に上越新幹線の大清水《だいしみず》トンネル（二二・二キロ。一九八二年開通）や青函《せいかん》トンネル（五三・八キロ。一九八八年開通）ができ、英仏海峡トンネル（約四〇キロ）も貫通して、トンネルの長さで驚くことはなくなったが、シンプロン・トンネルは、じつに七六年間にわたって世界最長の鉄道トンネルとして君臨したのである。

私が少年の頃は、「世界一」にとりわけ関心の強い時代だった。エッフェル塔やエンパイヤステートビルと並んでシンプロン・トンネルの名はよく知られていた。まして鉄道ファンにとっては憧れの的だった。

昭和三六年（一九六一）に私ははじめてヨーロッパへ行った。もちろんシンプロン・トンネルを通ったが、夢みる心地がした。

　あれから三十年余、私は鉄道トンネルではなくクルマでシンプロン峠を越えようとしている。一〇月二〇日（一九九二年）火曜日。レンタカーを運転するのは、おなじみの写真家、櫻井寛さんである。

　このシンプロン峠越えはイタリアへ通じる主要な街道で、歴史は古く、ナポレオンが整備したという。現在の道路は「ヨーロッパルート2号線」（ER2）となっている。

　スイスの五万分の一の地図を眺めるに、このルート、なかなか面白そうである。シンプロン峠に至るまでの前半はアルプスを見はるかす雄大な展望の道で、ユングフラウやアレッチ氷河が眺められそうだ。そして峠を越えると状況は一変し、ゴンド峡谷《シュルフト》という谷の底を行く。

　この峡谷は地図ではあらわせないほど深い。等高線が断崖で消され、標高差がわからないのである。しかも両岸の間隔が狭い。推定するほかないが、三〇〇メートルぐらいの絶壁がつづいていそうだ。

　日本の各種のガイドブックを開いてみたが、ゴンド峡谷について記したものはない。

地図を見て想像したのとちがって、格別の景勝地でないのかもしれない。が、とにかく気にかかる。

シンプロン峠の登り口はブリクである。箱根越えにおける小田原宿といったところだろうか。シンプロン・トンネルの入口もブリク駅のすぐ東にある。

まず私たちは、そのトンネルの入口へ行ってみた。ブリク駅の構内で、鉄道関係者しか立入れそうにないところである。

トンネルの開口部は堂々たる石積みで、城門のようであった。線路の上に立ってトンネルの奥を眺める。風が勢いよく吹き抜けてくる。暖かいイタリアと寒いスイスを直結しているので、温度差か気圧差による風なのだろうか。吹き抜けてきた空気が白い息を吐いている。

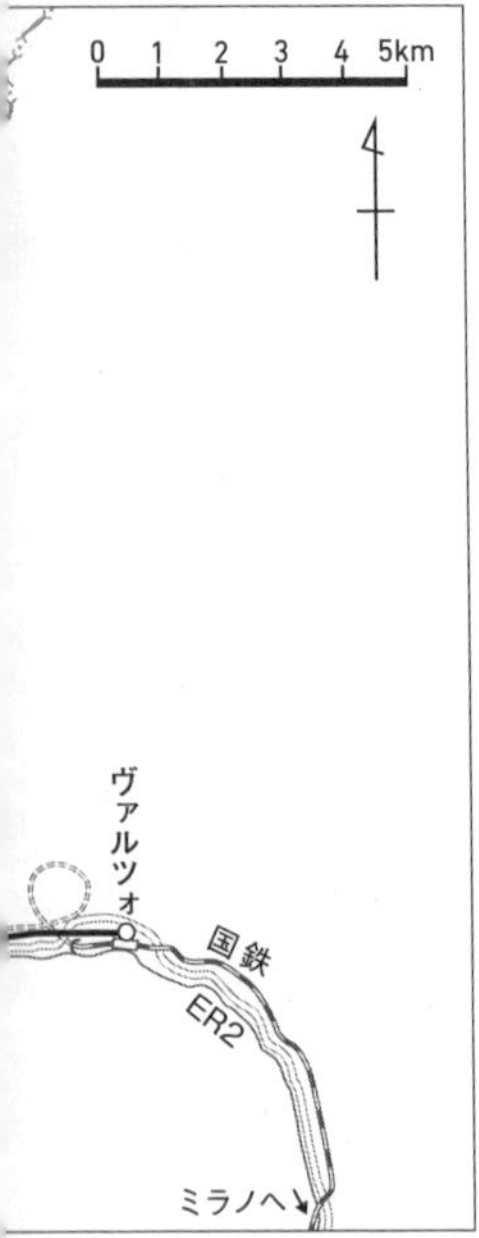

と、地鳴りのような音が響いてきた。急いで線路際へ退避する。イタリアからの列車が姿を現わした。

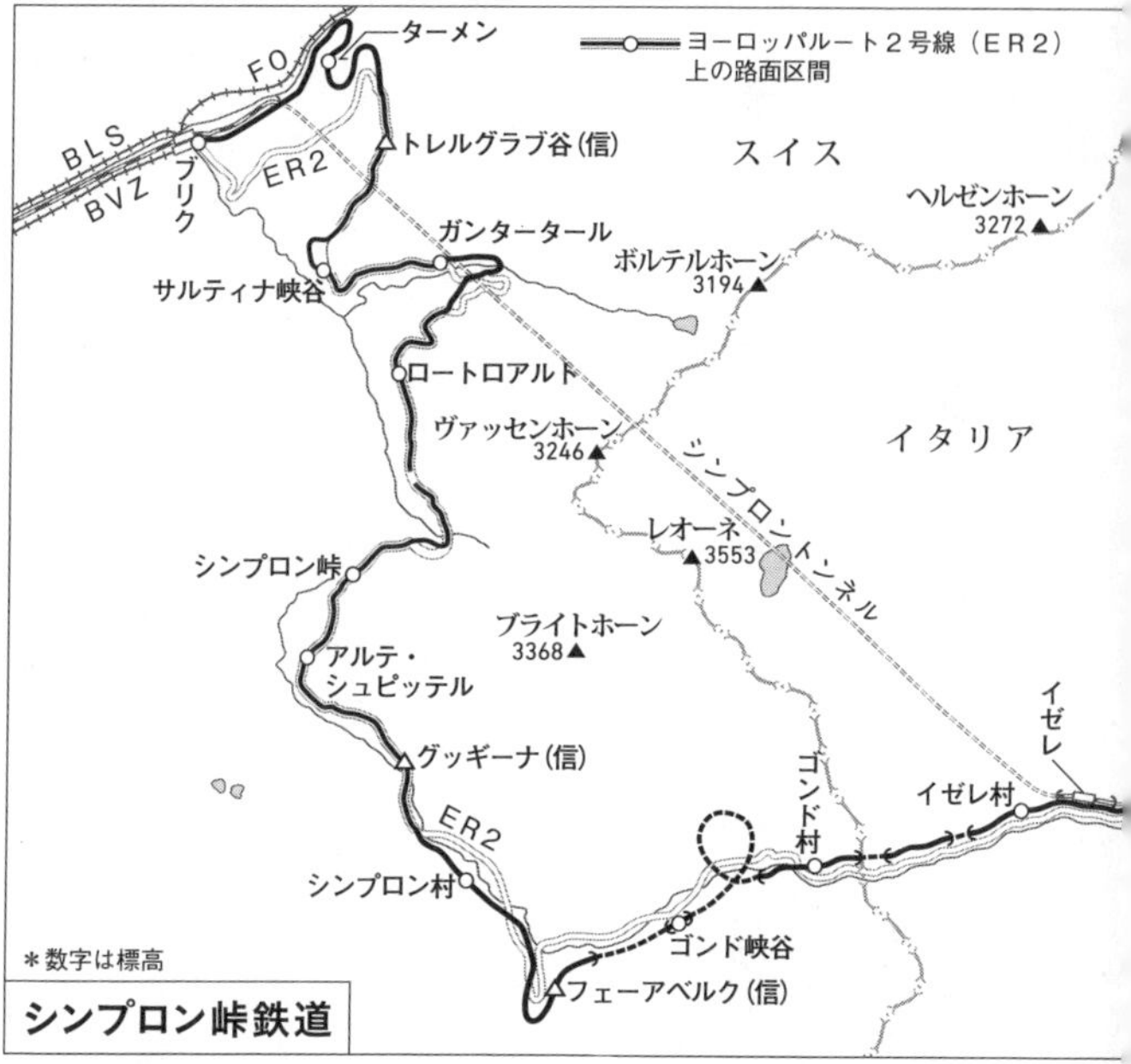

ブリク駅に戻り、峠道へのドライブとなるのだが、私としては「シンプロン峠鉄道」の夢を抱いている。

これまでアルプスの既設の山岳鉄道に学ぶ紀行文を書いてきたが、今回は「こんな鉄道をつくってはいかがですか」とスイス国とイタリア国に提言したいわけだ。

その発想はホラ吹き男爵《だんしゃく》のごとく荒唐《こうとう》無稽《むけい》

であろう。しかし「シンプロン」の名は、そんな夢をかきたてる。

国鉄ブリク駅の前に一面二線のホームがあり、BVZ（ブリク・ヴィスプ・ツェルマット鉄道）とFO（フルカ・オーバーアルプ鉄道）の二本の私鉄が共用している。

その東側に若干のスペースがある。ここにわが「SPB」（シンプロン峠《パス》鉄道）の起点駅を設けるとしよう。いきなり上り勾配にかかる場所なので立地条件はよくないが、なんとしてもブリク駅前から発車させたい。

ホームの長さは四〇メートルが限度。それ以上長くすると列車が勾配で後ずさりしそうである。だからSPBは強力なブレーキを備えた電車の二両編成とする。


11時ちょうど、車はブリク駅前を出発。上り坂の市街地を抜け、ER（国道）2号線に入って北東へ向う。道は急勾配で、グイグイ上る。左にロッテン川の谷と斜面にたたずむターメン集落を見下ろしているとヘアピンカーブがあって道は南へと向きを変える。標高一〇四〇メートルで、ブリクから五キロ余で三六〇メートルも登った。

私は由緒《ゆいしょ》あるER2号線に沿ってシンプロン峠鉄道（SPB）を敷設したいと考えているのだが、この地点までは道路に沿うのは困難である。勾配が急で、ラックレールを必要とする箇所がある。SPBはラックレールなしにしたいし、ブリクの市街地に鉄道を敷くのも厄介である。それで、添付の地図のようなS字ルートを設定した。ターメン集落に駅ができるので住民は喜んでくれるだろう。

最初のヘアピンカーブからの勾配は七〇パーミルあたりが限界で、ラックレールなしで上れそうである。

ER2号線は改修され、二車線ながら道幅は広く、八メートルぐらいある。追越し車線のある区間は、もっと広い。

それほど立派な道路なのに行き交う車が少ない。きょうは一〇月二〇日で、走行に難儀する厳冬期ではない。しかるに、めったに対向車とすれちがわない。ところどころに郵政省のポストバス（PTT）の停留所があるが、バスとすれちがうこともない。「シンプロン峠道に鉄道を」との夢想を抱いて来た私は、道路の閑散ぶりを見て喜んだ。このER2号線の片隅に二・五メートルほどの用地を割譲してもらい、そこにわがSPBのレールを敷く。もちろん眺めのよい谷側の路肩だ。道路のセンターラインは一メートルほど山側へズラしていただこう。それによって支障が生じるとは思えぬ道幅であり、少ない交通量である。

SPBの車窓の眺めは右側がよい。電車の席は右向き横三列の階段式、つまり劇場やスポーツのスタジアムのようにしてはどうだろうか。

レンタカーのハンドルを握る櫻井さんは前方を凝視しているが、私は地図と首っぴきで右側の窓に張りついている。あいにく雲がかかってユングフラウなどの秀峰群は望めないが、眼下に広がる山村のたたずまいは一幅の絵である。スイスの風景をひきたたせているのは民家だ。

が、その風景も終り、新しいトンネルに入る。旧道の跡が右へと分れるのが見えた。道路の改修によって捨てられた旧道である。

この旧道跡へ車で進入することはできないのだが、地図を見ると、旧道はサルティナ川が刻んだ深い峡谷の上をたどっている。

わがSPBの路線は旧道跡に敷こうと思う。サルティナ峡谷を見下ろす地点に片面ホームの小駅を設け、五分くらい停車して、お客に楽しんでもらおう。

夢の眺望の旧道と現実の新道トンネルが合すると、路傍に雪が見えてきた。標高一二六〇メートル、ブリクから一一・〇キロ。

谷を見下ろしながら道は東へ向う。右往左往の道筋だ。鉄道トンネルで一九・八キロの区間がER2号線では約四五キロを要しているのである。

標高一五二四メートルの地点にヘアピンカーブがあり、道は東から西南へと向きを変える。ここでは路面から離れて独自の線路を敷設しなければなるまい（地図のガンタータール付近）。

ふたたび路面鉄道にもどってからは眺望絶佳のはずであるが、きょうは霧がかかってアルプスは見えない。しかし、山肌に点在する民家が霧のなかから朧《おぼろ》に姿を現わし消えていくさまは幻想的だ。晴れもよし曇天もよしである。

それにしても交通量の少ないこと！　めったに車と出会わない。シンプロン鉄道トンネルにはカートレインが運転されているので、車族はそれを利用しているのだろうか。

これなら路面に鉄道を敷いても「邪魔だ」と言われる心配はなさそうだが、こうも不人気なルートでは、わがＳＰＢの経営に不安をおぼえる。

路傍の雪がふくらみを増し、路面がシャーベット状になってきた。櫻井さんは、「まだ一度も事故を起したことがありませんから、ご安心を」と言いながら慎重にハンドルを握っている。

ロートトロアルト駅予定地（標高一七四五メートル）を過ぎるとスノーシェルター（雪覆）の連続になった。

シェルターのなかでは道幅がやや狭くなる。そこに路面鉄道を割りこませるのは気がひけるが、信号機を設置するなどして通してもらうことにしよう。

と、谷側に旧道跡が現れた。新道はトンネルへ入る。

これはありがたい。旧道跡に線路を敷こう。

車を停めて旧道跡を探訪する。

掘りっぱなしでコンクリートを巻いてない短いトンネルがある。無数の槍《やり》のようなツララが下っている。氷の鍾乳洞《しょうにゅうどう》に入ったようだが、短いトンネルだから、すぐ向うに出る。

雪を踏みしめて崖の上に立つ。深く刻まれた谷が脚下にある。きょうは見えないが、かなたにアルプスの峰々を見はるかす場所のはずだ。この旧道跡の区間はSPBの名所になるだろう。

夢の鉄道から現実の新道に戻ってトンネルを抜けると、広々とした雪原になり、シンプロン峠に着いた。標高一九九七メートル。ER2号線の最高地点であるが、急坂を登りつめたという峠ではない。なだらかで大らかな高原である。「シンプロンパス」という標識があり、大きな山小屋風のホテルが二、三軒あるので、それとわかるが、

シンプロン峠鉄道——スイス・イタリア

駅名表

駅間勾配（‰）	標高（メートル）	キロ程	駅　名
	678	0.0	ブリク
55			
	919	4.4	ターメン
38			
	1040	7.6	トレルクラブ谷（信号所）
66			
	1245	10.7	サルティナ峡谷
52			
	1410	13.9	ガンタータール
70			
	1745	18.7	ロートロアルト
41			
	1997	24.9	シンプロン峠
46			
	1895	27.1	アルテ・シュピッテル
72			
	1630	30.8	グッギーナ（信号所）
56			
	1472	33.6	シンプロン村
49			
	1285	37.4	フェーアベルク（信号所）
36			
	1180	40.3	ゴンド峡谷
60			
	855	45.7	ゴンド村
41			
	673	50.1	イゼレ村
34			
	532	54.2	ヴァルツォ

何もなければ知らぬまに通り過ぎてしまいそうな峠であった。

だが、ここが名にしおうシンプロン峠だ。私たちは雪の駐車場に車を停めた。ほかに車が二台あったような気がするが、それほど閑散としていた。

車の外に出ると、さすがに寒い。チラつく雪が頬に当る。日本ならば一〇月二〇日の二〇〇〇メートルの峠は紅葉見物の客で賑わうだろう。しかし、シンプロン峠は北緯四六度、北海道の北端よりもさらに北である。

櫻井さんはカメラを抱いて元気に雪原へと駆けだしたが、私たち夫婦はホテルのレストランへ逃げこんだ。

温かいスープの昼食をすませて出発。ここからはイタリアに向っての下り坂になる。国境はシンプロン峠ではなく、二〇キロも先である。

雪景色に慣れたためか、しばらくのあいだは印象がうすい。右窓の谷あいに修道院らしい建物がポツンと淋しくあったので、そこに駅（アルテ・シュピッテル）を設けることにしたのと、その先は七五パーミル級の急勾配があり、ラックレールなしで大丈夫かなと思ったくらいである。

谷がやや開け、対岸の段丘の上にシンプロン集落が現れた。峠とトンネルによって世界にその名を知られた山村である。しかし切妻屋根の家々は、われ関せずと、静かにたたずんでいる。ここはER2号線から離れて線路を敷き、集落の近くに駅をつくろう。峠から八・七キロ、標高差五二五メートルの地点である。いつのまにか雪は消えていた。

シンプロン村を過ぎると、谷が狭まり、いよいよゴンド峡谷にさしかかる。どす黒い岩の断崖が両岸から迫ってきた。

にわかに道幅が狭くなった。

行くほどに両岸の断崖は高まり狭まり、巨大な城壁の間を行くようだ。車のなかからでは谷底しか見えないので、私たちは車を停めては外に出て、絶壁を見上げた。

首が痛くなるほど切り立っている。ゆっくり眺めるには路傍に仰向けに寝ころぶしかないだろう。身の毛がよだつような峡谷で、私は「悪魔の谷」と名づけたくなった。

このゴンド峡谷の谷底の狭い道に路面鉄道を敷設するのは無理である。勾配も急で、ラックレールなしでは通れない箇所もある。

だが、このゴンド峡谷こそ、わがSPBの目玉商品となる区間だ。どんなに建設費がかかろうと、それを惜しんではならない。

SPBは谷底へは下らず、トンネルを掘って断崖の途中に駅を設け、五分ほど停車する。客は外に出て、二〇〇メートルぐらいの絶壁を上から見下ろす。

つぎに峡谷を渡る。世界一高い鉄橋である。徐行または停車して、高所の恐怖を味わっていただく。それからループ線でひとめぐりして高度を下げ、峡谷を渡る。見上げる高みに、さきほど渡った鉄橋がある。この構図は旅客誘致のポスターの最上の条件をそなえている。

車はゴンド峡谷を脱出した。ホッとする。そこが国境で、検問所がある。イタリアに入ると、家々のつくりが変り、田舎っぽくなる。が、何もかもキチンとしたスイスとちがって、親しみやすく、おめでたいようなイタリアである。

ＥＲ２号線は村道のごとくになり果て、わがＳＰＢを路面に敷くのは困難だ。が、ここまでくれば、あとひと息。専用のレールを敷いてしまおう。

左にシンプロン鉄道トンネルの出口が見えた。ブリクから十数分で通り抜けるのだが、わがＳＰＢは一時間半ないし二時間をかけて、ようやくここまでやってくるわけである。

比較などしてはいけない。是非を論じるのも笑うのもご自由だが、このアホらしき夢の山岳鉄道シリーズは今回で終る。何やら訴えたい私の気持ちを汲みとってくださる読者がいたとしたら、涙が出るほど嬉しい。

あとがき

ＪＴＢの月刊誌『旅』の一九九一年九月号に「夢の上高地鉄道」なる一文を書いた。これは編集部からの依頼原稿ではなく、私が編集長の秋田守さんに、書きたいと申し出たものである。自然保護と交通渋滞の解消のためには観光道路からクルマを排除し、代りに鉄道を敷くべきだ、という私の持論を上高地を典型として述べてみたかった。

さいわい、かなりの反響があった。クルマ横行社会への反省と鉄道復権の追い風によるのだろう。

それで、おなじ意図を全国各地に展開してみよ、ということになり、一九九二年一月号から一年間連載したあげく、さらに海外での四篇が追加された結果、本書ができ上った。

ここに収めた一六篇は、種々雑多なので、分類・整理しておきたい。

①既設の観光道路を鉄道用地に転用——「上高地」「富士山」「伊勢志摩」「比叡山」「奥日光」「志賀高原」の草津白根線、「蔵王」

②道路と共存（路面鉄道）――「祖谷渓」「シンプロン峠」
③森林軌道や工事軌道の観光鉄道化――「屋久島」「奥多摩湖」「立山」
④計画中の山岳鉄道の探訪――「菅平」
⑤独自の新線建設――「志賀高原」の奥志賀線
⑥山岳鉄道の先進国に学ぶ――「スノウドン」「ブリエンツ・ロートホルン」「シーニゲプラッテ」

というわけで、「夢」といっても、いろいろになったが、私としては①の観光道路をつぶしてクルマを排除し、鉄道を走らせようとする型が主題であった。

連載中も、単行本にする段階に入っても、気がかりでならないことがあった。それは道路と鉄道との工学上の関係、とくに、ヘアピンカーブにラックレールの鉄道を敷設しようとする場合、曲線と勾配が問題であった。道路から離れて大きく緩やかなカーブの新線を建設すればよいが、金がかかる……。

そのへんのかねあいを鉄道建設公団や道路公団の専門家に教示を仰ぎ、しかるべく補筆して、この乱暴な「夢の山岳鉄道」を形よく整えたいと考えていたが、それも面倒になって、この「あとがき」を書いている。私が言いたいことは賢明な読者に伝わったはずだと考えることにした。

本文に加筆する機会は過ぎたが、耳よりな情報が入ってくる。「上高地鉄道」は地元の自治体が前向きに取り組んでいるという。「目障りな」と私が書いた富士山五合目の四階建駐車場建設計画は見送りになった。嬉しいことである。

取材でお世話になった方々は本文中に記したので、それをもってお礼にかえさせていただく。単行本化にあたってはＪＴＢ出版事業局のヴェテラン、安田百合子さんの行き届いた配慮をいただいた。そして楽しい挿画と単行本の装幀《そうてい》を担当してくださった黒岩保美さん。ありがとうございました。

一九九三年四月

著　者

解説　今もリアルな空想の山岳鉄道

小牟田哲彦

空想の鉄道旅行に仮託した環境問題

総論賛成、各論反対はどんな世界にも見られることで、ただ正論を唱えるだけでは問題は実際に解決しない。自然環境保護についても同じことで、公然と反対する人はいないが、「では、どうやって保護するのか？」という具体策になると、人によって意見は異なる。

本書『夢の山岳鉄道』は、「鉄道紀行を文芸の一ジャンルとして確立した」（平成十一年菊池寛賞授賞理由）と評される宮脇俊三が、自然保護のために山間部の観光地へは自動車道路でなく鉄道を敷設すべき、という提案を、紀行文に仮託してまとめた作品である。しかも、本人があとがきで記しているように、巻頭の「上高地鉄道」は、当時すでに注文による原稿を多く抱えていた宮脇が自ら編集者に「書きたい」と申し出たのだという。「汽車ポッポが好き」という以外にことさら特定の主義・主張を声高に叫ぶことなく、淡々と汽車に乗り、酒を呑み、歴史を偲ぶ紀行文が多かった宮脇作品のラインナップにあって、異色の存在と言ってよい。

もっとも、本人も「論文調になってしまった。私の柄ではない」と最初に自戒(?)している通り、私見を論理的、科学的に説明しようとはしていない。どの章を読んでも、常に現地を訪れ、地図と現状とを見比べながら「こんな鉄道があったら楽しいだろうな」という空想を楽しむ姿勢に徹している。あくまでも、読み物としての質と魅力を保ちながら、私案をソフトに伝えようとするスタンスによって、かえって、読み手が肩の力を抜いたままいつのまにかその私案に首肯《しゅこう》しやすくなっている。文章力や書籍の編集力に相当長《た》けていなければ成しえない業を、本書は見事に体現している。

名編集者の卓見から生まれたこだわり

宮脇は五十一歳で作家としてデビューするまで、中央公論社(現・中央公論新社)に勤務する編集者だった。それも、今に続く中公新書を創刊(昭和三十七年)し、『日本の歴史』シリーズでは第一巻から百万部以上の版を重ねた(昭和四十年)。すでに戦記文学で名を成していた阿川弘之の鉄道随筆を『お早く御乗車ねがいます』(昭和三十三年)にまとめて「小説よりよく売れた」と阿川を喜ばせるほど好評を博し、北杜《もり》夫《お》の『どくとるマンボウ航海記』（昭和三十五年）を担当すればベストセラーになった。昭和五十三年に退社するまで、「中公に宮脇あり」と言われるほどの名編集者だったのだ。

この編集者としてのこだわりは、書き手になった後も作品に大きな影響を与えている。

本書もそうだが、宮脇は紀行作品に写真を挿入することを好まない。「第一級の紀行文には写真など無用にして無縁」（『旅は自由席』平成三年・新潮社）、「（鉄道紀行には）写真など無いほうがいいと感じる」（『乗る旅・読む旅』平成十三年・JTB）としばしば語っているが、それは写真無しの外国旅行記であった『どくとるマンボウ航海記』の成功体験が端緒だったという。

それだけに、文章の質を高めようとのこだわりは強かった。「読む人よりも自分の方が面白がっちゃいけない」（『旅』二〇〇〇年九月号「宮脇俊三の世界」より）と考えて調子づいたところを削り、推敲を重ねた結果、淡々とした文調で綴られながら旅の臨場感とユーモアにあふれているのが、宮脇俊三の世界の特徴である。そこに写真がないからこそ、特定時点の記録としての意味がかえって稀釈され、時を越えても作品としての古さを感じさせないのだろう。

挿絵が本文を引き立てる

しかも本書の場合、写真ではなく、黒岩保美《やすよし》による数々の挿絵が、宮脇の本文をさらに引き立てている。黒岩は、国鉄の工業デザイナーとして鉄道の姿を間近で見続け、鉄道関係の書籍のイラストや記念切手の原図作成を手掛けた鉄道画家として知られている。現在もJRが採用しているグリーン車の四つ葉のマークは、国鉄職員時代の黒岩がデザインした作品である。

本書に登場する鉄道の大半は宮脇の想像に基づくので、写真を掲載しようがなく、図版を挿入するとしたらイラストによる想像図しかない。ところが、黒岩は実在の路線を訪ねる章（屋久島自然保存鉄道、立山砂防工事専用軌道、スイスのブリエンツ・ロートホルン鉄道など）でも同じタッチで挿絵を描いている。そのため、宮脇の本文と一体で読み進めていくと、想像上の路線と実在路線との区別がだんだん曖昧になって、想像上の路線も何だか実在しているような錯覚にとらわれる。

平成五年に本書が単行本として刊行されたときは、挿絵だけでなく表紙カバーの装画も黒岩が担当。ブリエンツ・ロートホルン鉄道の前傾型ミニSLを思わせる機関車が客車と貨車を後押ししながらのんびりと急坂を登っていく、ほのぼのとしたイラストだった。その後、文庫本になったときにこの絵は縮小・モノクロ化されて中とびらに移ってしまったのだが、このたび、ヤマケイ文庫から復刊するにあたり、このイラストが表紙カバーに復活することとなった。かつてこの絵を見て書店で本書を手にした愛読者の一人として、嬉しい限りである。

経営実務の経験が持続可能な開発への着想に

写真の排除という表現上の特徴とは別の次元で、三十年前の宮脇プランが令和の世でもリアリティーを感じさせる要素がさらにある。鉄道という大規模なインフラ施設と観光客の存在を前提としているため、社会経済の維持・発展と自然保護のバランスを図る「持続可能な開発」という理念と親和的である点だ。

道路を鉄道に転換したいと考える場合、もっとも配慮せねばならぬのは、その沿線に住んでいる人たちのことである。集落があり、マイカーが交通手段になっていれば道路をつぶすわけにはいかない。（「富士山鉄道・五合目線」より）

＊

その一方、「観光道路をつぶすのは大賛成だが、鉄道も反対。観光客が入りこんで自然を荒すことに変りはない」という意見もある。自然保護のためには、それがいちばんよいに決まっているが、それでは自然の美しさに触れることができるのは足腰の丈夫な者や山男だけに限られてしまう。定年退職後の晩年夫婦でも、山奥の自然に接する交通機関があってもよいのではないか。(「屋久島自然林保存鉄道」より)

本書に登場する山岳鉄道は、実際に現地へ足を運んで地域の実情を確かめ、海外の実在路線も参考にしながら模索した、宮脇なりの現実的なプランである。地形に応じた単線区間の行き違い設備や運行ダイヤ、車両の構造や車窓からの眺望に配慮したルートの選定など、走る列車の姿を直接想像できる範囲であれば、鉄道マニアの空想にとどまる。だが宮脇は、マイカー規制のために設ける広大な駐車場の用地確保、採算確保のための運賃設定、さらには既存の観光道路に依拠している観光業者の従業員の雇用確保にまで言及している。

宮脇は中央公論社時代、第一級の作家や学者との交流を通じて教養を深めていっただけでなく、サラリーマンとして順調に出世し、四十二歳の若さで取締役になっている。時には会社側の幹部として、労働組合との激しい紛争の矢面に立つこともあったという。本書の各章で見られる宮脇プランの多角的な目配りには、事業の継続性やそこで生活を営む人たちへの配慮を含む経営者としての俯瞰《ふかん》的な視点と、空理空論より具体的な結果を重視する実務家としての意思が感じられる。

本文中に「持続可能」という表現は出てこない。だが、自然保護と住民の日常生活や観光事業との共存を図ろうというバランス感覚は、今や国際共通理念となった「持続可能な開発」の発想そのものである。それが、この空想の山岳鉄道紀行作品に、今なお一定の現実感を帯びさせているのではないだろうか。

先見的空想鉄道のその後

環境問題との両立を目指した宮脇の山岳鉄道プランのうち、屋久島の森林軌道は今も現役で、地元のNPO法人が観光客向けトロッコの実現に向けて活動している。立山砂防工事専用軌道は、「富山県民のみ抽選で便乗体験可」という条件が緩和され、今は誰でも抽選には参加できるようになっている。

だが、宮脇が主題と考えた「観光道路を鉄道に転換する」というプランは、今のところどれも実現していない。やはり、一度作った道路を廃止するという点が、現実としては高いハードルなのだろう。

ただ、富士山については、宮脇案のように富士スバルラインに線路を敷いたうえで、ＬＲＴ（次世代型軽量路面電車）を走らせようという計画が山梨県を中心に具体的に議論されている。路面電車ならバスと共存しつつ、マイカー規制もできるということのようだ。自然遺産としての世界遺産登録が叶わず、文化遺産となった後で進み始めた、皮肉な自然保護策ではあるが。

ＬＲＴにしても世界遺産にしても、宮脇が本書を出したときにはほとんど知られていない概念だった。三十年の星霜を経て、新たな検討要素をクリアした富士山鉄道が、富士スバルラインを実際に走る日は果たしてくるのか。泉下の宮脇に、本書で示した自身の先見の展開ぶりについての感想と、今後の予想を訊ねてみたいところである。

こむた　てつひこ　一九七五年、東京生まれ。ＮＨＫカルチャーラジオ「文学の世界」で「宮脇俊三の紀行文学を読む」の講師を務めるなど、宮脇作品の解説・分析多数。近著は『旅行ガイドブックから読み解く　明治・大正・昭和　日本人のアジア観光』（草思社）。日本文藝家協会会員。

＊この作品は、一九九三年六月にＪＴＢ日本交通公社出版事業局より刊行され、一九九五年十月に新潮文庫として再刊されました。本書は新潮文庫版を底本としました。
＊本文に記載されている鉄道（路線バス）の駅名、路線名、列車名、運行形態や、行政機関名、自治体名などは、すべて執筆時のものです。地図も当時のもので、現況とは異なるところがありますこと、お含みおきください。

地図・図版作成　北村優子（シグメディア）
ＤＴＰ・編集協力　藤田晋也
編集　佐々木　惣（山と溪谷社）

夢の山岳鉄道

二〇二一年二月五日　初版第一刷発行

著　者　宮脇俊三
発行人　川崎深雪
発行所　株式会社　山と溪谷社
郵便番号　一〇一－〇〇五一
東京都千代田区神田神保町一丁目一〇五番地
https://www.yamakei.co.jp/

■乱丁・落丁のお問合せ先
山と溪谷社自動応答サービス　電話〇三－六八三七－五〇一八
受付時間／十時～十二時、十三時～十七時三十分（土日、祝日を除く）
■内容に関するお問合せ先
山と溪谷社　電話〇三－六七四四－一九〇〇（代表）
■書店・取次様からのお問合せ先
山と溪谷社受注センター　電話〇三－六七四四－一九一九
ファックス〇三－六七四四－一九二七

本文フォーマットデザイン　岡本一宣デザイン事務所
印刷・製本　株式会社暁印刷

定価はカバーに表示してあります

Printed in Japan ISBN978-4-635-04903-0

ヤマケイ文庫で楽しむ山の文芸の世界

エッセー・紀行

- 深田久弥　わが愛する山々
- 新田次郎　新田次郎　山の歳時記
- 串田孫一　山のパンセ
- 畦地梅太郎　山の眼玉
- 辻まこと　山からの絵本
- 深田久弥　深田久弥選集　百名山紀行　上／下
- 井上　靖　穂高の月
- 串田孫一　若き日の山
- 山と溪谷社編　紀行とエッセーで読む　作家の山旅
- 田淵行男　黄色いテント
- 大森久雄編　名作で楽しむ　上高地
- 岡田喜秋　名残の山路
- 北　杜夫　どくとるマンボウ　青春の山
- 池内　紀　山の朝霧　里の湯煙
- 新田次郎　新田次郎　続・山の歳時記
- 串田孫一　画文集　山の独奏曲

山岳小説

- 大倉崇裕　生還　山岳捜査官・釜谷亮二
- 谷　甲州　単独行者《アラインゲンガー》　新・加藤文太郎伝　上／下
- 谷　甲州　白き嶺の男
- 樋口明雄　レスキュードッグ・ストーリーズ
- 馳　星周　選　闇冥　山岳ミステリー・アンソロジー
- 北上次郎　選　不屈　山岳小説傑作選